청소년을 위한
개념 있는 맞춤법 생활

KB193105

청소년을 위한
개념 있는 맞춤법 생활

초판 1쇄 펴냄 2025년 2월 28일

지은이 배혜림

펴낸이 고영은 박미숙 | 펴낸곳 뜨인돌출판(주)
출판등록 1994.10.11.(제406-251002011000185호)
주소 10881 경기도 파주시 회동길 337-9
홈페이지 www.ddstone.com | 블로그 blog.naver.com/ddstone1994
페이스북 www.facebook.com/ddstone1994 | 인스타그램 @ddstone_books
대표전화 02-337-5252 | 팩스 031-947-5868

편집이사 인영아 | 책임편집 김현정 | 디자인 이기희 이민정
마케팅 오상욱 김정빈 | 경영지원 김은주

ISBN 978-89-5807-054-2 03700

청소년을 위한 개념 있는 맞춤법 생활

배혜림 지음

파이팅!

뜨인돌

목 차

프롤로그 맞춤법 테스트부터 해 볼래? · 6

1

헷갈리는 맞춤법

??? ???

2 헷갈리는 높임말

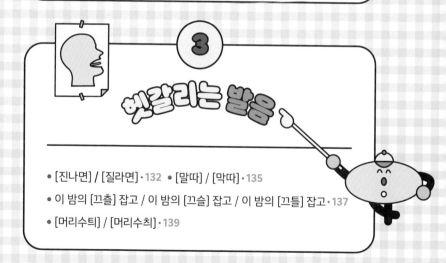

3 헷갈리는 발음

맞춤법 테스트부터 해 볼래?

넌 지금 맞춤법 책을 펼쳤어. 친구한테 지적받고 자존심 상해서? 아니면 좀 더 똑똑해 보이고 싶어서? 이유가 뭐든, 맞춤법에 관심을 보였다는 건 멋진 일이야. 사실 맞춤법을 공부한다고 인생이 확 바뀌진 않아. 대신 과제나 자기소개서 쓰는 게 수월해지고, SNS 좋아요 수는 좀 늘어날 거야. 고백 성공 확률도 높아질 거고. 이 정도면 꽤 괜찮지 않아?

이 책을 본격적으로 읽기 전에, 맞춤법에 대해 얼마나 알고 있는지 테스트부터 하는 게 좋겠어. 널 평가하려는 게 아니라, **맞춤법의 어떤 부분이 특히 더 헷갈리고 어려운지를 확인하기 위한 거니까** 편안한 마음으로 풀어 봐.

① 강아지가 뼈다귀를 (할 / 핥 / 핥 / 핧)고 있다.

② 돈을 (갑 / 갚 / 값)지 않으면 안 된다.

③ 벽을 (뚤어야 / 뚫어야) 한다.

④ (엇저녁 / 엊저녁 / 얻저녁 / 어쩌녁)에 뭐 했어?

⑤ 나는 어제 편지를 (부치려고 / 붙이려고) 했다.

⑥ 해가 (니연니연 / 니엿니엿 / 뉘엿뉘엿) 저물고 있다.

⑦ 그건 (업슴 / 업음 / 없슴 / 없음).

⑧ 나중에 (뵈요 / 봬요).

⑨ 쟤 진짜 (어의없다 / 어이없다).

⑩ 엄마가 나보고 (설거지 / 설겆이)하래.

⑪ 라면이 (붇고 / 불고) 있어.

⑫ 너 지금 (얻다 대고 / 어따 대고) 소리 지르는 거야?

⑬ 그건 말이 (안 / 않) 된다.

⑭ (어떡게 / 어떡해 / 어떻게 / 어떻해). 큰일 났네.

⑮ (왠지 / 웬지) 오늘은 느낌이 좋아.

⑯ 선생님, 푹 쉬시고 감기 잘 (낳 / 낫 / 낮)고 오세요.

⑰ 공부를 (하든지 말든지 / 하던지 말던지) 신경 안 쓸 거야.

⑱ 나는 이번에 반장이 안 (됬 / 됐)다.

⑲ 오늘이 몇 월 (몇 일 / 며칠)이지?

⑳ 오늘 학교 오는 길에 (희안한 / 희한한) 일이 있었어.

① 강아지가 뼈다귀를 (핥)고 있다.

② 돈을 (갚)지 않으면 안 된다.

③ 벽을 (뚫어야) 한다.

④ (엊저녁)에 뭐 했어?

⑤ 나는 어제 편지를 (부치려고) 했다.

⑥ 해가 (뉘엿뉘엿) 저물고 있다.

⑦ 그건 (없음).

⑧ 나중에 (봬요).

⑨ 쟤 진짜 (어이없다).

⑩ 엄마가 나보고 (설거지)하래.

⑪ 라면이 (붇고) 있어.

⑫ 너 지금 (얻다 대고) 소리 지르는 거야?

⑬ 그건 말이 (안) 된다.

⑭ (어떡해). 큰일 났네.

⑮ (왠지) 오늘은 느낌이 좋아.

⑯ 선생님, 푹 쉬시고 감기 잘 (낫)고 오세요.

⑰ 공부를 (하든지 말든지) 신경 안 쓸 거야.

⑱ 나는 이번에 반장이 안 (됐)다.

⑲ 오늘이 몇 월 (며칠)이지?

⑳ 오늘 학교 오는 길에 (희한한) 일이 있었어.

몇 개나 맞았어? 이 테스트가 너무 어렵게 느껴졌다면, 이 책을 통해 배울 수 있는 게 많다는 뜻일 거야. 반대로 이 테스트가 너무 쉽다면? 이때까지 맞춤법 공부를 잘해 왔다는 증거니까 뿌듯함이 느껴질 거고. **이 책은 헷갈리는 맞춤법부터 어렵게 느껴지는 발음, 높임말까지 두루두루 다루고 있으니까 혹시나 몰랐던 건 없는지 살펴볼 수 있는 기회가 될 거야.**

잠깐, 맞춤법 따위 왜 배워야 하느냐고 입이 나온 친구들이 있을 것 같아. 대충 말만 통하면 되는 거 아니냐고 항변하고 싶은 친구들도 있을 거고. **'맞춤법'은 의사소통을 원활하게 하기 위한 하나의 약속이야.** 이 약속을 약간 어기는 건 큰 흐름에서 보면 문제가 없을지도 몰라. '한약 다려 드립니다'라는 문구 본 적 있어? 한약방 앞에 많이 붙어 있잖아. 한약은 다리는 게 아니라 '달이는' 거지. 이런 문장이야 웃고 넘어갈 수도 있지만 '우리나라'를 '저희 나라'라고 표기하거나 '지양'(더 높은 단계로 오르기 위하여 어떠한 것을 하지 아니함)과 '지향'(어떤 목표로 뜻이 쏠리어 향함)의 뜻을 헷갈린다면 불필요한 오해와 갈등이 생길 수 있어. 맞춤법은 이를 방지하기 위한 최소한의 장치야.

사전에서 맞춤법의 뜻을 찾아보니 **'어떤 문자로써 한 언어를**

표기하는 규칙'이라고 되어 있어. 학교와 가정, 사회에 우리가 지켜야 할 규칙이 있듯이 우리가 서로 소통하는 데도 규칙이 있어. 소통은 우리가 살아가는 데 꼭 필요한 것이고 글도 소통의 한 형태야. 제대로 소통하려면 맞춤법이라는 규칙을 절대 무시하면 안 되지.

맞춤법이 필요한 이유가 또 뭐가 있을까? 요즘 뉴스를 보면 정치인들이나 유명인들도 맞춤법을 틀리는 경우들이 있어. 이렇게 맞춤법을 제대로 구사하지 못하면 어떤 문제가 생길까? 맞춤법을 반복적으로 틀리면 정확한 정보를 전달하고 있지 않다는 느낌을 주고, 그 사람이 진행하는 일 자체를 신뢰하기 어렵게 만들기도 해. 책을 읽거나, 인터넷에서 정보를 찾을 때 맞춤법이 잘못된 글을 만나면 어때? 처음에는 그냥 넘어갈 수 있지만, 그런 글을 계속 만나면 해석 자체가 힘들어지고, 결국 그 글에서 얻어야 할 정보를 제대로 읽어 내지 못할 수도 있어. 반대로 맞춤법이 잘 지켜진 글이나 말은 정보를 명확하게 전달하고, 읽는 이로 하여금 내용을 쉽게 이해할 수 있게 해 주지.

맞춤법을 잘 지키는 것은 상대를 존중하는 일이기도 해. 네가 맞춤법에 신경을 쓰지 않고 글을 쓰면, 그 글을 읽는 사람은 배려받지 못한다고 느낄 수도 있어. 맞춤법을 지키면 나의 생각을 정확히 전달**할 수 있을 뿐만 아니라,** 상대방에 대한 존중을 표현**할 수 있지.**

SNS가 발달하면서 쉽고 빠르게 자신의 생각을 전달하려고 하다 보니 초성만 사용하거나, 오타가 나도 그냥 보내는 경우가 많아졌어. **자연스럽게 맞춤법이 파괴되기 시작한 거지.** 이건 우리나라만의 문제는 아니야. 외국도 SNS의 발달로 맞춤법이 많이 파괴되었다고 해. 내가 이 책을 쓴 이유는 맞춤법의 수호자가 되어야 한다거나 맞춤법을 틀리면 큰일 난다고 겁을 주려는 게 아니야. **맞춤법은 소통을 위한 도구라고 했잖아.** 생각해 보면 학교에서든 집에서든 학원에서든 소통이 잘 안 되면 스트레스받을 일들이 생기기 시작해. 친구나 엄마 아빠와 갈등이 생기는 건 대부분 소통의 문제 때문이잖아. **기본적인 맞춤법을 잘 익혀 두면 우리를 괴롭게 하는 이런 문제들로부터 조금은 자유로워질 수 있어.** 자, 지금부터 맞춤법의 세계로 들어가 볼까?

헷갈리는 맞춤법

띄어쓰기

내 친구가 산만하다

내 친구가 산만 하다

너 왜 이렇게 산만하냐?

내가 산만하다고? 나 집중력 되게 좋은데.

아니 덩치가 산만하다고.

그럼 산만 하다고 해야지.

미안버거

우리말은 띄어쓰기가 정말 중요해. 띄어쓰기를 틀리면 말하는 사람의 의도가 제대로 전달되지 않거든. 사실 띄어쓰기는 국어 교사인 나도 늘 헷갈리는 부분 중 하나야. 언제 띄어 쓰고 언제 붙여 써야 하는지 너무 헷갈리고 원칙을 이해하는 것도 정말 어렵지. **맞춤법 관련 설문조사에서 가장 헷갈리는 맞춤법이 띄어쓰기**라고 나오는 것도 이해가 돼. 그렇다고 손 놓고 있을 수는 없잖아. **띄어쓰기의 세 가지 원칙만** 알면 웬만한 띄어쓰기는 마스터할 수 있어.

첫 번째, 모든 단어는 띄어 쓰자!
단어는 기본적으로 띄어 쓰는 것이 원칙이야. 단어가 뭐냐고? **단어는 분리하여 자립적으로 쓸 수 있는 말이나 이에 준하는 말**이야. 지우개, 가방, 필통처럼 혼자 있어도 의미가 있는 말을 단어라고 해. 이 단어들은 다 띄어 쓴다는 거지. 그런데 하나의 단어인지, 여러 개의 단어가 묶인 것인지 헷갈리는 것도 많지? 그럴 때는 국어사전을 찾아보는 거야. 표준국어대사전을 추천할게. **사이트에 접속하거나 앱을 설치하면 단어를 쉽게 검색할 수 있어.**

국어사전에 바로 한 단어로 나오면 붙여 쓰면 되고, '신발 가방'처럼 한 단어로 검색이 안 되면 띄도록 하자. 단어를 검색

했는데 띄어 놓았다면 띄면 돼. 복합어 중간에 '-(붙임표)'가 있으면 붙여 써야 해. 단어의 앞이나 뒤에 '붙임표'가 표기된 경우도 있는데, 이럴 때는 접두사나 접미사이기 때문에 단어 앞뒤에 다른 형식의 말이 올 때 붙여 쓰면 돼. 예를 들면, '**그렇게 여김**' 또는 '**그렇게 봄**'의 뜻을 더하는 접미사가 '-시'인데 앞에 '등한' 같은 말이 붙으면 '등한시'처럼 붙여 써야 하는 거지. 그리고 '^' 표기가 되어 있으면 **띄어 쓰는 것이 원칙이지만 붙여 써도 돼.**

예를 들어 설명해 볼게.

감귤 (붙여 씀)

가지런-하다 (붙여 씀)

장∨발장 (띄어 씀, 사전에 ∨ 표시는 없어)

가지^무늬^토기 (띄어 쓰는 것이 원칙이지만 붙여 쓰는 것도 허용함)

두 번째, 조사는 앞말에 붙여 쓰자.

조사가 뭘까? 조사(助詞)는 도울 조, 말씀 사 그러니까 '**돕는 말**'이야. 토씨라고도 하지. 토씨 붙이지 말라는 말 들어 봤지? '**이/가, 은/는, 을/를, 와/과, 의, 에, 에게, 에서, (으)로, 도, 만, 만큼, 까지, 이다**' 같은 것들이 조사야. 조사는 혼자서는 의미를 가질 수 없어. 혼자서 서 있을 수 없을 때는 어딘가에 기대야 하잖아. 조사가 그래. 혼자 있으면 픽 하고 쓰러지는 단어들이야. 그래서 반드시 앞의 말에 붙어야 해.

예를 들어 볼게.

우리는 / **너에게** / **학교까지** / **학생**이다

앞의 디엠에서 덩치가 '산만 **하다**'의 '만'은 앞말이 나타내는 대상이나 내용 정도에 달함을 나타내는 보조 조사이기 때문에 앞말에 붙여 쓴 거야.

꼭 기억하길. 조사는 무조건 앞말에 붙이자!

세 번째, 의존 명사는 앞말과 띄어 **써야 해.**
의존 명사를 이해하려면 명사부터 알아야겠지? 명사는 **사물의 이름을 나타내는** 품사의 종류야. 자립적으로 쓰이느냐 그 앞에 반드시 꾸미는 말이 있어야 하느냐에 따라 **자립 명사와 의존 명사로 나뉘어. 의존 명사는 명사의 성격은 있는데, 의미가 형식적이어서 다른 말에 기대야 하는 명사야.** '바, 나위, 때문, 따위' 같은 단어가 의존 명사야. 단어는 모두 띄어 쓴다고

했지? **의존 명사는 다른 말에 기대야 하지만 당당한** 하나의 **단어야. 그러니 앞말과** 띄어 **써야 해.** 그리고 사전에서 찾아보면 의존 명사인지 명사인지 표기가 되어 있어서 쉽게 구별할 수 있어. 의존 명사 띄어쓰기의 예를 들어 볼게.

텃밭에 토마토, 고추∨따위를 심었다.
맡은∨바 **책임을 다하세요.**
너∨때문에 정말 힘들었어.

띄어쓰기를 해야 하는 이유는 자신이 하려는 말을 정확하게 전달하기 위해서야. 읽는 사람을 배려하는 거지. 처음에 고백한 것처럼 국어 교사도 어려운 게 띄어쓰기야. 띄어쓰기가 어려운 건 당연해. 그러니 너무 기죽지 말자. 띄어쓰기의 세 가지 원칙만 기억하면 기본적인 띄어쓰기는 해낼 수 있어.

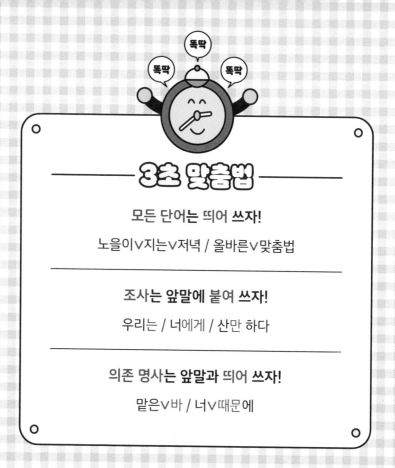

3초 맞춤법

모든 단어는 띄어 쓰자!

노을이∨지는∨저녁 / 올바른∨맞춤법

조사는 앞말에 붙여 쓰자!

우리는 / 너에게 / 산만 하다

의존 명사는 앞말과 띄어 쓰자!

맡은∨바 / 너∨때문에

3초도 길어…

되/돼

happy pig_   ⋮

아 개화나네. '**되**'랑 '**돼**' 잘못 쓴다고 세상이 망하냐? 중요한 이야기 하는데 '**되**'가 아니라 '**돼**'라고 꼭 지적질해야 **되**? 나중에는 맞춤법이 없는 세상이 올 수도 있잖아. 맞춤법 틀린 게 죄냐? 죄야? 진짜 내 앞에서 이제 맞춤법의 '맞'자만 꺼내도 나한테 맞는다.

'되'와 '돼', 이걸 틀리게 쓴다고 해서 세상이 망하는 건 아니지만, 한 번만 바로잡으면 이런 이야기로 옥신각신할 일도 없을 거야. 이번 기회에 확실하게 기억해 뒀으면 좋겠어.

첫 번째, 문장 끝에 오면 '돼'라고 쓰자. 이건 외우자!

- 그 친구는 나한테 힘이 돼.
- 여기서 자면 안 돼.
- 이거 없어도 돼?

두 번째, '돼'나 '되' 자리에 '하'와 '해'를 넣어 보자. '해'가 자연스러우면 '돼', '하'가 자연스러우면 '되'야.

- 아이돌이 (되고 / 돼고) 싶어.
  '아이돌이 하고 싶어'가 자연스러우니까 '되'
- 대학생이 (되면 / 돼면) 얼마나 좋을까?
  '대학생이 하면'이 자연스러우니까 '되'
- 보충은 (됬지만 / 됐지만) 아쉬워.
  '보충은 했지만'이 자연스러우니까 '돼'
- 그러면 안 (되지 / 돼지).
  '안 하지'가 자연스러우니까 '되'

헷갈리는 맞춤법

세 번째, '돼'는 '되어'의 줄임말이라는 사실을 기억하자. '되어'를 넣어서 자연스러우면 '돼' 어색하면 '되'야.

- 제발 (통과됐으면 / 통과됬으면) 좋겠다.

  '통과되었으면'이 자연스러우니까 '됐'

- 제발 이 일이 잘 (되길 / 돼길) 바랍니다.

  '잘 되어길'이라고 하면 어색하니까 '되'

- 이 일을 하게 (돼서 / 되서) 기쁘다.

  '하게 되어서'가 자연스러우니까 '돼'

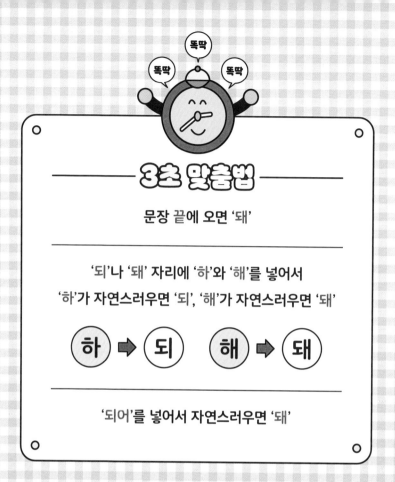

3초 맞춤법

문장 끝에 오면 '돼'

'되'나 '돼' 자리에 '하'와 '해'를 넣어서
'하'가 자연스러우면 '되', '해'가 자연스러우면 '돼'

하 ➡ 되   해 ➡ 돼

'되어'를 넣어서 자연스러우면 '돼'

3초도 길어…

헷갈리는 맞춤법

3 곰곰이/곰곰히

곰곰이 생각하다

도저히 못 참겠다

내가 **곰곰히** 생각해 봤는데…

맞춤법 틀림.

나 너 좋아하는 것 같에.

맞춤법 틀림.

맞춤법 지적 **도저이** 못 참겠다.

맞춤법 틀림.

 너무행…

곰곰이? 곰곰히? 도저이? 도저히? 도대체 언제 '-이'를 쓰고, 언제 '-히'를 쓰는 거지? 사실 '-이'와 '-히'를 구분하는 하나의 공식은 없어. **원칙이 불규칙하게 적용되기 때문이야.** 이런 맞춤법이 가장 까다롭고 어렵게 느껴지는 것 같아. 그래도 몇 가지 원칙이 분명히 존재하니까 잘 따라와 봐.

❶ **끝음절이 '히'로만 발음되거나 '히'나 '이'로 발음이 되면 '히'**
- 극히 / 엄격히 / 열심히 / 소홀히

❷ **'-하다'가 붙는 어근 뒤('ㅅ' 받침 제외)에는 '히'**
- 나른히 / 고요히 / 꼼꼼히

❸ **끝음절이 '이'로만 발음이 되면 '이'**
- 많이 / 번거로이 / 가까이 / 헛되이

❹ **음절이 겹쳐 쓰인 명사 뒤에는 '이'**
- 겹겹이 / 곰곰이 / 알알이 / 번번이

❺ **'ㅅ' 받침 뒤에는 '이'**
- 기웃이 / 지긋이 / 버젓이 / 빠듯이

(헷갈리는 맞춤법)

➏ 'ㄱ' 받침으로 끝나는 고유어 뒤에는 일반적으로 '이'

· 깊숙이 / 수북이 / 촉촉이 / 멀찍이

➐ 'ㅂ 불규칙 활용'을 하는 형용사는 'ㅂ'이 탈락하면서 '이'

· 괴로이 / 쉬이 / 외로이 / 가벼이

자, 문제를 내 볼게. 이제 이 정도는 식은 죽 먹기일 거야.

① 네가 뭘 잘못했는지 (곰곰이 / 곰곰히) 생각해 봐.

② 그는 거짓말을 하고도 (버젓이 / 버젓히) 대중 앞에 섰다.

③ (열심이 / 열심히) 하면 될 줄 알았어.

④ 그는 주머니 (깊숙이 / 깊숙히) 손을 찔러 넣었다.

⑤ 내 말을 (가벼이 / 가벼히) 여기지 마!

[정답] ① 곰곰이 ② 버젓이 ③ 열심히 ④ 깊숙이 ⑤ 가벼이

3초 맞춤법

'이'와 '히'를 구분하는 7가지 원칙

❶ 끝음절이 '히'로만 발음되거나 '히'나 '이'로 발음이 되면 '히'

❷ '-하다'가 붙는 어근 뒤('ㅅ' 받침 제외)에는 '히'

❸ 끝음절이 '이'로만 발음이 되면 '이'

❹ 음절이 겹쳐 쓰인 명사 뒤에는 '이'

❺ 'ㅅ' 받침 뒤에는 '이'

❻ 'ㄱ' 받침으로 끝나는 고유어 뒤에는 일반적으로 '이'

❼ 'ㅂ 불규칙 활용'을 하는 형용사는 'ㅂ'이 탈락하면서 '이'

3초도
길어…

헷갈리는 맞춤법

웬지/왠지

이게 웬일이야?

왠지 운이 좋을 것 같았어

 aurora   ⋮

웬일이야. 이번 블루엔젤 앨범 본 사람? 내가 **웬만**하면 이렇게까지 안 놀라는데 이번에 완전 역대급!! **왠지** 라방 때 이상한 말 하더니 다 떡밥이었네. 진짜 너무 기대된다. 이번에 콘서트하면 무조건 가야지.

오늘은 왠지 네가 보고 싶어~

♥ 28   💬 29

'웬'과 '왠', 너무 헷갈리지 않아? 내가 아는 대부분의 친구들은 '왠만하다'라고 쓰는 것 같아. 그러나 '웬만하다'가 맞는 표현이야. 아래 문제를 풀어 보자.

> "미안해. 늦었어."
>
> "(왠일 / 웬일)? 약속에 절대 안 늦는 애가?"
>
> "그러게. 근데 넌 (왠일 / 웬일)로 일찍 왔어?"
>
> "오늘 일찍 눈이 떠지던데?"
>
> "해가 서쪽에서 떴나?"
>
> "그러게 말이야. (왠지 / 웬지) 일찍 일어나야 할 것 같더라고."
>
> "이러다 우리 팀 이기는 거 아니야?"
>
> "(왠일이야 / 웬일이야). 생각만 해도 기분 좋다."

다 풀었어? '웬'과 '왠'을 구분하려면, 먼저 '왠'은 단독으로 쓰지 않는다는 걸 기억하자. '웬'은 '어찌 된'이라는 뜻의 관형사이고, '왠'은 사전에 나오지 않아. '왜인지'의 준말인 '왠지'에만 쓰이지. '웬'은 의미만 맞으면 어디서든 쓸 수 있지만, '왠'은 그렇지 않아. 헷갈린다고? 알겠어. 그럼 한 문장으로 요약해 줄게.

헷갈리는 맞춤법

'왠지' 말고는 다 '웬'.

그럼 앞의 글을 다시 써 볼까?

> "미안해. 늦었어."
>
> "웬일? 약속에 절대 안 늦는 애가?"
>
> "그러게. 근데 넌 웬일로 일찍 왔어?"
>
> "오늘 일찍 눈이 떠지던데?"
>
> "해가 서쪽에서 떴나?"
>
> "그러게 말이야. 왠지 일찍 일어나야 할 것 같더라고."
>
> "이러다 우리 팀 이기는 거 아니야?"
>
> "웬일이야. 생각만 해도 기분 좋다."

한 가지 팁을 더 주자면 '웬만하다' '웬일' '웬걸'은 한 단어라 붙여 쓰고, 나머지는 웬 띄고 ○○으로 써. '이게 웬 난리야' 이런 식으로 말이지.

마지막으로 다시 한번 기억하자. '왠지' 말고는 다 '웬'!

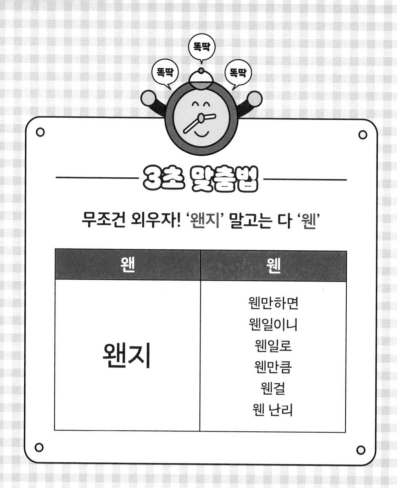

3초 맞춤법

무조건 외우자! '왠지' 말고는 다 '웬'

왠	웬
왠지	웬만하면 웬일이니 웬일로 웬만큼 웬걸 웬 난리

똑딱
똑딱
똑딱

3초도
길어…

던/든

정말 아름다웠던

네가 뭘 하든

요즘 넷플 머봄?

당연히 해리포터.

1일 1해리포터 해야 잠이 옴.

그런 거 왜 봄? 노잼이든데.

왜 이리 꼬임? 뭘 보던지 뭔 상관.

나는야 꽈배기~

'-던'과 '-든' 구별할 수 있는 사람? 정확히 구별하는 사람은 많지 않을 거야. 왼쪽 디엠부터 볼까? '노잼이던데' '뭘 보든지'라고 써야 맞아. '-던'과 '-든'은 발음이 비슷하지만 뜻은 완전히 달라. 이 두 가지를 구별할 수 있다면 맞춤법 좀 안다고 자부해도 좋을 거야. 지금부터 하나씩 살펴보자.

-던

❶ 과거의 어떤 상태를 나타내는 어미

- 예쁘던 꽃.
- 우리 할머니와 사이가 좋았던 옆집 할머니가 돌아가셨다.

❷ 어떤 일이, 과거에 완료되지 않고 중단되었음을 나타내는 어미

- 푸릇하던 사과가 붉게 변했다.
- 우리가 헤어지던 그 해가 기억난다.

❸ 과거에 직접 경험하여 새로이 알게 된 사실에 대한 물음을 나타내는 종결 어미

- 그래, 일은 할 만하던?
- 후배는 잘 있던?

헷갈리는 맞춤법

-든

❶ 어느 것이 선택되어도 차이가 없는 둘 이상의 일을 나열함을 나타내는 보조 조사 '든지'의 준말

- 노래든 춤이든 다 어려워.
- 국어든 수학이든 열심히 할게.

❷ 실제로 일어날 수 있는 여러 가지 중에서 어느 것이 일어나도 뒤절의 내용이 성립하는 데 아무런 상관이 없음을 나타내는 연결 어미 '든지'의 준말

- 무엇을 하든 최선을 다하자.
- 싫든 좋든 간에 따를 수밖에 없다.

그렇게 어렵지 않지? 넌 뭐든 할 수 있어!

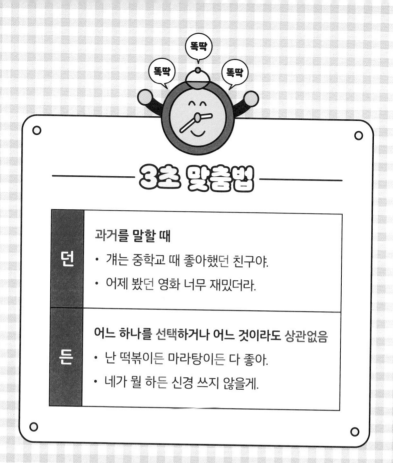

3초 맞춤법

던	**과거를 말할 때** • 걔는 중학교 때 좋아했던 친구야. • 어제 봤던 영화 너무 재밌더라.
든	**어느 하나를 선택하거나 어느 것이라도 상관없음** • 난 떡볶이든 마라탕이든 다 좋아. • 네가 뭘 하든 신경 쓰지 않을게.

3초도 길어…

헷갈리는 맞춤법

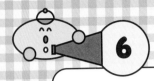

안/않

어제 왜 안 왔어?

어제 왜 오지 않았어?

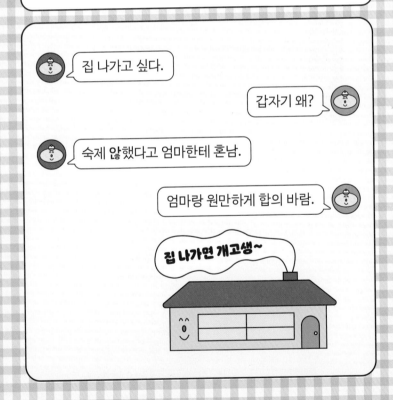

집 나가고 싶다.

갑자기 왜?

숙제 않했다고 엄마한테 혼남.

엄마랑 원만하게 합의 바람.

집 나가면 개고생~

'않'과 '안'을 구별하지 못하는 사람이 생각보다 많아. 이 두 가지를 구별하는 법은 생각보다 쉬워. 너무 쉬워서 왜 여태 이걸 몰랐을까 땅을 치고 후회할지도 모르겠다. 지금부터 잘 따라와 봐.

첫 번째, 문장에서 빼 보는 거야. '안'은 문장에서 빼도 말이 되고 '않'은 문장에서 빼면 말이 안 돼.

- 난 지난달에 게임을 단 한 번도 하지 (않았어 / 안았어).

  않 / 안을 빼면 말이 안 되니까 '않'
- 너 왜 숙제를 (안 하니 / 않 하니)?

  않 / 안을 빼도 말이 되니까 '안'

두 번째, '안'은 동사나 형용사 앞에 써. '않'은 동사나 형용사 뒤에 쓰고.

- 나는 안 아프다. / 나는 아프지 않다.
- 너 왜 안 먹니? / 너 왜 먹지 않니?

세 번째, '안'이나 '않' 앞이 '-지' 형식으로 끝나면 '않'을 써.

· 나는 그 학교에 절대 가지 않을 거야.
· 나는 널 만나지 않을 거야.

네 번째, '안'은 '아니'의 준말이야. '않'이나 '안'을 '아니'로 바꿨을 때 자연스러우면 '안'을 써.

· 그걸 (안 내면 / 않 내면) 어떡해.
  '그걸 아니 내면 어떡해'라고 바꿀 수 있으니까 '안'
· 왜 (안 하는 / 않 하는) 거야?
  '왜 아니 하는 거야?'라고 바꿀 수 있으니까 '안'

이제 '않 되나요'라고 쓰는 친구들은 없을 거야. '않'과 '안'을 구별할 수 있으면 맞춤법 공부의 반 이상은 한 거라고 보면 돼. 조금만 더 힘을 내서 다음 맞춤법으로 넘어가 보자!

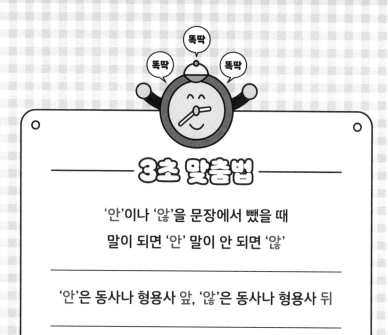

3초 맞춤법

‘안’이나 ‘않’을 문장에서 뺐을 때
말이 되면 ‘안’ 말이 안 되면 ‘않’

‘안’은 동사나 형용사 앞, ‘않’은 동사나 형용사 뒤

‘안’이나 ‘않’ 앞이 ‘-지’ 형식으로 끝나면 ‘않’

‘안’이나 ‘않’을 ‘아니’로 바꿨을 때 자연스러우면 ‘안’

똑딱
똑딱 똑딱

3초도
길어…

7

가르치다/가리키다

선생님이 학생을 가르치다

손가락으로 학생을 가리키다

'가르치다' '가리키다' '가르키다' '가리치다'. 이거 구별할 수 있는 사람? 힌트를 줄게.

'가르키다'와 '가리치다'는 없는 말이야. '가르치다'와 '가리키다'를 헷갈리면서 이상한 단어 조합이 만들어진 것 같아. 그러면 두 개만 남은 거지? 이제 국어사전을 찾아보자.

가르치다

지식이나 기능, 이치 따위를 깨닫게 하거나 익히게 하다.

가리키다

손가락 따위로 방향이나 대상을 집어서 보이거나 말하거나 알리다.

선생님은 '**가르치는**' 사람이고, 어떤 학생을 손으로 '**가리킬**' 수도 있어. 안 헷갈리게 '**가르치는 선생님**' '**가리키는 손가락**'이라고 외워 버리자. '가르키다' '가리치다'는 아예 기억에서 지워 버리고!

헷갈리는 맞춤법

그럼, 다음 문제를 풀어 봐.

① 저는 학생들에게 국어를 (가르치고 / 가리키고) 있어요.

② 그는 손가락으로 하늘을 (가르쳤다 / 가리켰다).

③ 모든 것은 부모님의 (가르침 / 가리킴) 덕분이다.

④ 선생님이 맞춤법을 (가르쳐 / 가리켜) 주셨다.

⑤ 헬렌 켈러를 훌륭한 사람으로 (가르친 / 가리킨) 분은 앤 설리번 선생님이다.

⑥ 소방관은 화재 장소를 (가르치며 / 가리키며) 뛰어갔다.

⑦ 나는 잡지 속 모델을 (가르치며 / 가리키며) 똑같이 해 달라고 했다.

⑧ 이 책은 어떻게 살아야 할지 (가르치고 / 가리키고) 있다.

⑨ 우리는 모두 민수가 (가르치는 / 가리키는) 방향을 쳐다봤다.

⑩ 요리사는 준비해 두었던 재료를 (가르치며 / 가리키며) 우리에게 요리를 (가르쳤다 / 가리켰다).

[정답]

① 가르치고 ② 가리켰다 ③ 가르침 ④ 가르쳐 ⑤ 가르친 ⑥ 가리키며 ⑦ 가리키며 ⑧ 가르치고 ⑨ 가리키는 ⑩ 가리키며, 가르쳤다.

어때? 이제 감이 잡히지?

3초 맞춤법

'가리치다' '가르키다'는 사전에 없는 말

무조건 외우자!!

'가르치는 선생님' '가리키는 손가락'

3초도
길어…

8

잊다/잃다

나를 잊어버리지 마

내가 준 물건도 잃어버리지 말고

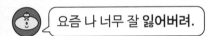
요즘 나 너무 잘 잃어버려.

나도. 난 어제 지갑 잊어버렸잖아.

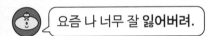
손가락 뇌운동이라도 해 볼까?

그걸 해야 한다는 것도 잃어버릴 것 같은데 ㅋㅋ

우리의 인생
파이팅…

'잊다'와 '잃다'는 완전히 다른 단어야. '잊다'는 '한번 알았던 것을 기억하지 못하거나 기억해 내지 못하다'라는 뜻이고 '잃다'는 '가졌던 물건이 자신도 모르게 없어져 그것을 갖지 않게 된다'는 뜻이거든. **그러니까** 기억**과 관련된 건 '잊다'고** 물건**과 관련된 건 '잃다'인 거지.** 어떤 걸 기억하지 못하면 '잊어버린' 거고, 물건이 없어져서 찾지 못하면 '잃어버린' 거야. 디엠을 다시 보면 **'지갑 잃어버렸잖아' '그걸 해야 한다는 것도 잊어버릴 것 같은데'**라고 해야 맞지. 그럼 두 단어의 예문을 살펴볼까?

잊다

❶ 오늘이 시험인 걸 깜빡 **잊었다**.

❷ 저 산은 내게 잊으라 **잊어버리라** 하고 내 가슴을 쓸어내리네.

❸ 쉽게 흥분하고 잘 **잊어버리는** 냄비족이 되지 맙시다.

잃다

❶ 지난주에 강아지를 **잃어버렸다**.

❷ 핸드폰을 두 번이나 **잃어버렸다**.

❸ 그는 머리를 다쳐 기억을 **잃었다**.

혹시 예문 보면서 이상한 거 느낀 사람? 기억과 관련된 건 '잊다'라고 쓴다고 했는데 '잃다'의 ❸번 예시는 잘못된 것처럼 보이지 않아? '잃다'라는 단어를 검색해 보면 '의식이나 감정 따위가 사라지다'라는 뜻도 있어. 기억도 이 안에 포함되지. 그래서 이럴 때는 기억을 '잃다'라고 써. '용기'나 '이성'도 잊어 버리는 게 아니라 '잃어버린다'라고 쓴다는 것 잊지 말길.

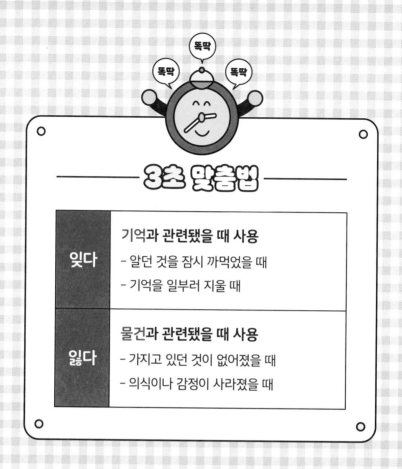

3초 맞춤법

잊다	**기억과 관련됐을 때 사용** - 알던 것을 잠시 까먹었을 때 - 기억을 일부러 지울 때
잃다	**물건과 관련됐을 때 사용** - 가지고 있던 것이 없어졌을 때 - 의식이나 감정이 사라졌을 때

헷갈리는 맞춤법

맞히다/맞추다

시험 문제 다 맞혔다

나랑 퍼즐 맞출 사람?

야, 국어 답 맞춰 보자.

두근두근

우리 답이 다 똑같은데?

이러다 다 맞히는 거 아니야?

너랑 답 맞추니까 왜 이렇게 불안하냐.

 ㅋㅋㅋㅋㅋ
ㅋㅋㅋㅋㅋ

〈유 퀴즈 온 더 블럭〉이라는 프로그램을 재밌게 보는데, 덜커덕 하고 걸리는 게 있었어. 퀴즈를 '맞춘다'라고 말하는 게스트들이 생각보다 많아서야. 퀴즈나 시험 문제는 맞추는 게 아니라 '맞히는' 거거든. **'맞추다'와 '맞히다'**는 표기가 비슷하고 뜻도 비슷한 느낌이라 은근히 헷갈려. 자, 이것부터 기억하자. **퍼즐은 '맞추는' 거고, 퀴즈의 정답은 '맞히는' 거야.** 그러면 시험 문제의 답을 친구와 비교해 보는 건 뭘까? 그럴 때는 친구와 시험 문제의 답을 '맞춘다'라고 해야 돼. 하아, 너무 어렵지? '맞추다'와 '맞히다'의 뜻을 정리해 줄게.

맞추다

❶ 어떤 기준이나 정도에 어긋나지 않게 하다.

· 원고를 심사 기준에 맞추다.

❷ 다른 사람의 의도나 의향 따위에 맞게 행동하다.

· 친구의 기분을 맞추다.

❸ 둘 이상의 일정한 대상들을 나란히 놓고 비교하여 살피다.

· 친구와 시험의 답을 맞추다.

❹ 서로 떨어져 있는 부분을 제자리에 맞게 대어 붙이다.

· 퍼즐을 맞추다.

❺ 서로 어긋남이 없이 조화를 이루다.

· 다른 팀과 보조를 맞추다.

맞히다

❶ 묻는 말에 옳은 답을 하다.

- 수학 문제 10번의 답을 맞히다.

❷ 과녁이나 목표 등에 바로 맞게 하다.

- 양궁 과녁에 정확히 맞히다.

❸ 비나 눈 등을 맞게 하다.

- 비를 맞히다.

❹ 좋지 않은 일을 당하게 하다.

- 그 친구가 나를 바람맞히다.

'마치다'도 있어. '어떤 일이나 과정이 끝나다'라는 뜻이지.

자, 그럼 아래 문제도 맞혀 볼까?

① 1박 2일의 여행을 (마쳤다 / 맞혔다 / 맞췄다).

② 양궁 선수가 과녁을 (마치고 / 맞히고 / 맞추고) 금메달을 땄다.

③ 어제 받아쓰기 시험에서 문제를 다 (마쳤다 / 맞혔다 / 맞췄다).

④ 문짝을 문틀에 (마쳤다 / 맞혔다 / 맞췄다).

⑤ 서로 답을 (마쳐 / 맞혀 / 맞춰) 보았다.

[정답] ① 마쳤다 ② 맞히고 ③ 맞혔다 ④ 맞췄다 ⑤ 맞춰

3초 맞춤법

맞히다	맞추다
• 퀴즈의 답을 맞히다.	• 퍼즐을 맞추다.
• 과녁에 정확히 맞히다.	• 기분을 맞추다.
• 나를 바람맞히다.	• 보조를 맞추다.

3초도 길어…

헷갈리는 맞춤법

10

며칠/몇일

몇 날 며칠

몇 일은 틀린 표현

우리 내일이면 만난 지 100일이야.

우리 **몇월 몇일 몇시 몇초**에 만났는지 기억해?

당연히 기억하지만 네가 또 맞춤법 틀려서 우리 사이 다시 생각해 보고 싶다.

너 그 맞춤법 지적질 **않** 고치면 내가 먼저 찰 **꺼니까** 각오해.

 헤어질 결심.

'몇 일'과 '며칠' 이것 또한 정말 헷갈리는 표현 중 하나야. 이것만 정확히 알아도 맞춤법 고수가 될 수 있어.

결론부터 말할게. **몇 일이라는 표현은 없고, '며칠'이 맞는 표현이야.** 엥? 몇 년, 몇 시, 몇 분 모두 몇으로 시작하면 당연히 몇 일이라고 써야 하는 거 아닌가? '며칠'은 '그달의 몇 째 되는 날'을 뜻하는 우리말의 옛말인 **며츨**이 **며칠**로 바뀐 것이라 합성어가 아닌 한 단어야. **이틀, 사흘, 나흘**도 날짜 개념을 나타내는 '-흘'이 붙은 거라는 걸 같이 알아 두면 좋겠어. 자, 지금부터 기억 속에서 몇 일이라는 말은 지우고 '며칠'만 남기도록 하자.

오늘이 몇 월 며칠이지? (O)
오늘이 몇 월 몇 일이지? (X)

그럼 '**며칟날**'이라는 단어 혹시 들어 봤어?

'**며칟날**'은 '**며칠**'의 본말이야. 변하기 전 본래 그대로의 말이 본말이지. '며칠'이 맞는 표현이면 '며칠'의 본말은 '며칠날'이 되어야 할 것 같은데, 바른 표기법은 '**며칟날**'이야. 발음은 어떻게 할까? [며친날]이라고 하면 돼.

(헷갈리는 맞춤법)

이모 며칟날 온대? (O)

이모 몇일날 온대? (X)

이모 며칠날 온대? (X)

국어 맞춤법 참 어렵지? 욕심 내지 말고 하루에 하나씩 익히
는 걸 추천할게. 이 책에 나오는 맞춤법만 제대로 알아도 어디
가서 꽤 똑똑한 척할 수 있을 거야.

뵈요/봬요

내일 또 뵐 수 있을까요?

오늘 봬서 좋았어요

 SEEYOU

얘들아, 꿀팁 하나 알려 줄게. 너네 '뵈요'랑 '봬요'랑 헷갈릴 때 많잖아? 정답은 '봬요'야. 근데 혹시 생각이 안 나면 그냥 '뵈어요'라고 해라. 내가 개꿀팁 줬다.

학교 수업 끝나고 선생님께 이렇게 말하는 사람들 많을 거야. "선생님, 내일 뵈요!" 그런데 이건 틀린 표현이야. 그럼 어떻게 말해야 할까? 정답은 '내일 **봬요**'야.

이 맞춤법을 정확하게 이해하려면 '봬요'의 기본형을 알아야 해. '봬요'**의 기본형은 '뵈다'야.** '뵈다'는 '**웃어른을 대하여 보다**'라는 의미가 있지. 단, 여기서 주의할 점이 있어. '뵈다'는 **맞지만,** '뵈요'는 틀린 표현**이라는 거야.**

국어 어법규정 상, 어간 **뒤에는 바로** 보조 조사**가 나오면 안 돼.** 조금 쉽게 설명해 볼게. '뵈요'에서 '**뵈-**'는 어간이고, '**-요**'는 보조 조사이기 때문에, 어간인 '뵈' 뒤에는 보조 조사인 '요'가 바로 오면 안 되는 거야. 만약, '뵈'를 그대로 쓰고 싶다면, 중간에 어미인 '**-어**'를 넣어야 하는 거지. 그래서 맞는 표현은 '**뵈어요**'가 되는 거야. '**뵈어요**'를 줄여서 '봬요'라고 하는 거고. 그러니까 '뵈요' 대신 '봬요' '뵈어요' '뵐게요'라고 하자.

그러면 '뵙겠습니다'와 '뵙겠습니다' 중에서는 어떤 말을 써야 할까? 이때는 '뵙겠습니다'라고 해야 돼. **왜냐하면 이 경우에는** '뵙다'를 쓰기 때문이야. '뵙다'는 '뵈다'와 뜻이 비슷하지만, 조금 더 상대방을 높이는 의미로 **사용되는 동사야.** 그리고

헷갈리는 맞춤법

'뵙다' 뒤에는 자음으로 시작하는 어미만 붙기 때문에, **'뵙겠습니다' '뵙습니다'** 등으로 활용할 수 있어. '뵵다' '뵵겠습니다'는 틀린 표현이라는 것, 꼭 기억해. '만나 뵙다'라는 말도 많이들 쓰는데, 이것도 틀린 표현이야. '만나다'와 '뵙다'의 의미가 중복되기 때문이지.

그럼 문제를 풀어 볼까?

❶ 어제 선생님을 (뵀습니다 / 뵀습니다).

　'뵈었습니다'의 줄임말이니까 '뵀습니다'

❷ 조만간 다시 (뵙겠습니다 / 뵵겠습니다).

　'뵙다'를 썼기 때문에 '뵙겠습니다'

❸ 내일 (뵈요 / 봬요).

　'뵈어요'의 줄임말이니까 '봬요'

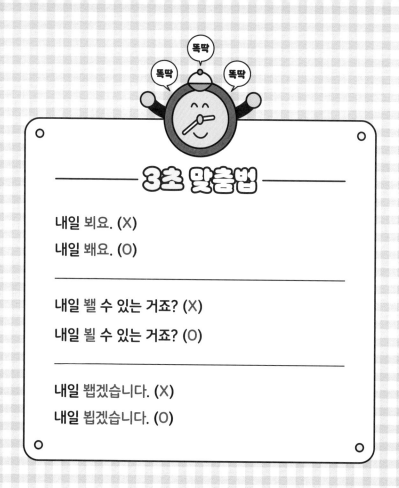

3초 맞춤법

내일 뵈요. (X)

내일 봬요. (O)

내일 봴 수 있는 거죠? (X)

내일 뵐 수 있는 거죠? (O)

내일 봽겠습니다. (X)

내일 뵙겠습니다. (O)

3초도 길어…

헷갈리는 맞춤법

부치다/붙이다

빈대떡을 부치다

포스트잇을 붙이다

어머니, 비가 오니 드리고 싶은 말씀이 있사옵니다.

무슨 말씀이신지요?

감히, 빈대떡 **붙여** 먹자는 제안을 드리옵니다.

아드님, 빈대떡은 **부치는** 것이지요.

풀은 붙이고

전은 부치고

'**부치다**'와 '**붙이다**' 구별할 수 있는 사람? 둘 다 사전에 있는 단어야. 발음은 같지만 뜻은 전혀 다르지. 그래서 헷갈릴 때가 많아. 빈대떡은 부치는 걸까? 붙이는 걸까? 편지는 부치는 걸까? 붙이는 걸까?

'**부치다**'부터 살펴보자. '부치다'는 쓰임새가 다양해. '**모자라거나 미치지 못하다**' '**음식을 익히다**' '**옮김**' '**넘김**' '**농사**' 등의 의미를 나타내는 경우에 사용하지. 예문으로 살펴보자.

부치다

힘에 부치다 / 편지를 부치다 / 회의에 부치다
논밭을 부치다 / 빈대떡을 부치다 / 부채를 부치다

'**붙이다**'는 주로 '**양쪽을 접착시킨다**'는 뜻으로 사용해.

붙이다

봉투에 우표를 붙이다 / 불을 붙이다 / 가구를 벽에 붙이다
흥정을 붙이다 / 계약에 조건을 붙이다 / 아이에게 가정교사를 붙이다

'**부치다**'와 '**붙이다**' 중 어느 것을 써야 할지 헷갈리면 한 가지 원칙이 있어. **단어에 찰싹 '달라붙다'라는 의미가 있으면 '붙**

헷갈리는 맞춤법

이다'를, 그렇지 않으면 '부치다'를 쓰면 돼. 쉽지?

'밀다' '걷다' '쏘다' '몰다' '올리다' '벗다' 등에 '부치다'나 '붙이다'가 붙어 하나의 낱말이 되는 경우 '달라붙다'의 뜻이 있으면 '붙이다'를 써. 헷갈리면 '벗어부치다'를 제외하고는 모두 '붙이다'가 붙는다고 생각하자.

밀어붙이다 / 걷어붙이다 / 쏘아붙이다
몰아붙이다 / 올려붙이다

'벗어부치다'는 '달라붙다'라는 의미가 없는 말이어서 '부치다'가 붙는다는 사실 기억해 줘.

3초 맞춤법

부치다

'모자라거나 미치지 못하다' '옮김' '넘김' 등의 의미가 있을 때

• 힘에 부치다. / 편지를 부치다. / 빈대떡을 부치다.

붙이다

'달라붙다'의 의미가 있을 때

• 벽에 메모지를 붙이다. / 공부에 흥미를 붙이다.
• 시장에서 흥정을 붙이다. / 매섭게 쏘아붙이다.

설겆이/설거지

설겆이는 죽은 말

설거지는 살아 있는 말

설겆이와 설거지 중 표준어를 고르라고 하면 선뜻 대답하지 못하는 사람들이 많은 걸로 알고 있어. 1989년 개정된 한글맞춤법 규정에 따라 두 단어의 위치가 바뀌었기 때문이지. 1989년 이전에는 설겆이가 표준어였는데, 지금은 '설거지'가 표준어야. 설겆이를 버리고 비표준어였던 설거지를 표준어로 인정한 이유는 뭘까.

표준어 규정을 보면, 사람들이 어떤 단어를 더 이상 사용하지 않아 생명을 잃어버리면 그 단어는 고어(古語)로 처리하고 현재 널리 사용되는 단어를 표준어로 사용하도록 정해 놓았어.

옛날에 '설겆다'라는 말이 있었대. '설겆이'는 '먹고 난 뒤의 그릇을 씻어 정리하다'라는 뜻인 '설겆다'의 어간 '설겆-'에 접미사 '-이'가 결합한 형태야. 그런데 '설겆다'의 활용형이 사람들 사이에서 많이 쓰이지 못했어. '설겆이'는 표준어 규정에 따라 고어가 되어 표준어로서의 지위를 잃고 비표준어가 되었어. 대신 현재 널리 사용되는 '설거지'를 표준어로 규정했어. 설거지를 하는 행동 역시 동사 '설거지하다'가 표준어에 함께 올라 있어.

이렇게 시간이 지나면서 쓰이지 않는 단어는 더 이상 표준어로 인정하지 않아. '애달프다'와 '애닲다', '자두'와 '오얏'도 그런 경우인데, 이 중에서 어느 말이 표준어일 것 같아? **정답은 '애달프다'와 '자두'야. '애닲다'는 이제 쓰이지 않아.** '애달프다'의 경우 '애달프고, 애달프지, 애달파서, 애달픈' 등으로 활용해. '오얏'은 한자 '오얏 이(李)' 정도에 남아 있기는 하지만 현대 국어에서는 사용되지 않아. 그 대신 자두가 표준어가 되었지.

조금 다른 이야기이긴 한데, 2011년 8월 31일 이전까지 우리는 **짜장면**을 짜장면이라고 부를 수 없었어. 자장면만 표준어였거든. 재밌는 건 **짬뽕은 표준어**였다는 거야. 정말 많은 사람들이 어째서 짜장면이 표준어가 아닌가에 대한 의문을 지속적으로 제기했고, 결국 2011년 8월 31일 국립국어원이 짜장면**과 자장면을 모두 표준어로 인정**하면서 오랜 논란의 종지부를 찍게 되었어. 아무리 원칙과 규정이 있어도 사람들이 활발하게 쓰는 말**은 사어가 될 수 없다**는 걸 보여 준 사건이지.

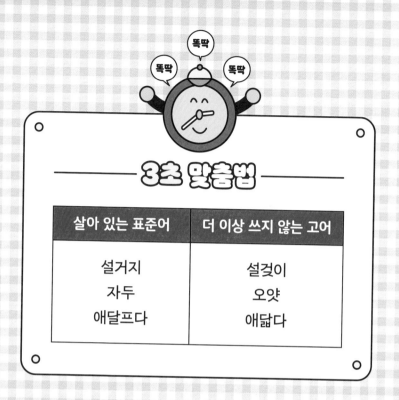

3초 맞춤법

살아 있는 표준어	더 이상 쓰지 않는 고어
설거지	설겆이
자두	오얏
애달프다	애닯다

3초도 길어…

헷갈리는 맞춤법

14

붇다/붙다/붓다

라면이 붇다

얼굴이 붓다

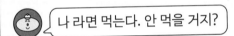
나 라면 먹는다. 안 먹을 거지?

낼 아침에 얼굴 **부을** 텐데.

우유 넣으면 좀 덜 **붓는대.**

그럼 나 한 젓가락만.

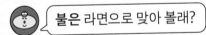
불은 라면으로 맞아 볼래?

라면이 '불다'일까? '붇다'일까? '붓다'일까? 헷갈릴 때는 표준
국어대사전을 찾아보자.

불다

❶ 바람이 일어나서 어느 방향으로 움직이다.

❷ 유행, 풍조, 변화 따위가 일어나 휩쓸다.

❸ 입을 오므리고 날숨을 내어보내어, 입김을 내거나 바람을 일으키다.

붇다

❶ 물에 젖어서 부피가 커지다.

❷ 분량이나 수효가 많아지다.

❸ 살이 찌다.

붓다

❶ 살가죽이나 어떤 기관이 부풀어 오르다.

❷ 액체나 가루 따위를 다른 곳에 담다.

❸ 적금, 이자 등을 일정한 기간마다 내다.

뜻을 보니 라면은 '불다'는 아닌 게 확실하지? 그렇다면 '붇다'
일까, '붓다'일까? 답은 '붇다'야. 그런데 우리말에는 'ㄷ 불규
칙 활용'이 있어. 'ㄷ 불규칙 활용'은 동사나 형용사의 어간 끝

에 'ㄷ'이 있을 때 모음으로 시작하는 어미가 오면, 'ㄷ'이 'ㄹ'로 바뀌는 문법 규칙이야. '묻다' '긷다' '깨닫다' 같은 단어 뒤에 '-아/어' '-으' 등이 오면 '묻다'는 **'물어' '물으니'**, '긷다'는 '길어' '길으니', '깨닫다'는 '깨달아' '깨달으니'처럼 받침인 'ㄷ'이 'ㄹ'로 변하는 거야. 그래서 '라면이 붇었다'가 아닌 '라면이 불었다'가 맞는 표현이야. 하지만 '붇' 뒤에 '모음'이 아니라 '자음'으로 시작하는 어미가 붙으면 원형 그대로 '붇'이라고 써 줘야 해. '라면이 불기 전에'가 아니라 '라면이 붇기 전에'가 맞는 거지.

라면을 먹은 얼굴은 '붓는(원형은 '붓다')' 게 맞아. 그럼 얼굴이 '부었다'와 '붓었다' 중에 뭐가 맞을까? 이 경우에는 'ㅅ 불규칙 활용' 때문에 'ㅅ'이 탈락하면서 '얼굴이 부었다'라고 해야 해.

이렇게 불규칙 활용을 하는 단어들은 외우는 수밖에 없어. 외울 게 너무 많은 친구들에게 이것까지 외우라고 말하는 내 맘도 편하지는 않아. 하지만 '라면이 불었다' '라면이 불으면' '라면이 붇기 전에'라고 말할 수 있는 너의 모습을 상상해 봐. 좀 멋지지 않아?

3초 맞춤법

붇다, 긷다, 깨닫다 + 'ㅇ'(모음)이 만나면 불규칙 활용

- 라면이 불었다.
- 우물에서 물을 길었다.
- 큰 의미를 깨달았다.

붇다, 긷다, 깨닫다 + 자음이 만나면 그대로 원형 유지

- 라면이 붇기 전에
- 우물에서 물을 긷기 시작했을 때
- 서서히 깨닫기 시작했다.

3초도 길어…

헷갈리는 맞춤법

어떻게/어떡해

오디션 어떻게 해야 하지?

오디션 망하면 어떡해

나, 슬퍼서 빵을 샀어.

언제 어디서 **어떡해** 샀어?

슬퍼서 빵을 샀다니까?

무슨 빵을 **어떡해** 샀냐고.

맞춤법부터 **어떻게** 좀 하자.

힝-

'나 진짜 **어떻해**' '**어떡해** 그럴 수 있어?' 이렇게 쓰는 사람 정말 많이 보지 않았어? 예능 프로그램 자막이나 유튜브 자막만 봐도 잘못 쓰는 사례가 정말 많아. 그만큼 꽤 많은 사람들이 헷갈리는 맞춤법이야. 자, 지금부터 '**어떻게와 어떡해**'를 어떻게 쓰면 좋을지 알아보자.

❶ '어떻게'는 방법을 물을 때 사용

- 너라면 어떻게 할 거니?
- 이번 사건을 어떻게 풀어야 할까?
- 이 노래를 어떻게 부르지?
- 어떻게 그럴 수가 있니?

❷ '어떡해'는 감정을 표현할 때 사용

- 오디션이 코앞인데, 어떡해.
- 너무 막막한데 어떡하냐.
- 너무 긴장돼, 어떡해!
- 아저씨, 저 어떡하면 좋아요?

아직도 잘 모르겠다고? 그럼 문장 내에서 어느 위치에 사용되는지를 살펴보자. '어떻게'는 뒤에 서술어가 나오는 경우가 대부분이야. 문장 끝에 오지 않고 처음이나 중간에 위치해.

(헷갈리는 맞춤법)

그런데 '어떡해'는 문장의 끝에 주로 쓰여. 단, '아저씨, 저 어떡하면 좋아요?' 같은 경우는 중간에 오기도 해.

자, 그러면 문제를 풀어 보자.

① (어떻게 / 어떡해) 된 거지?

② 이걸 (어떻게 / 어떡해) 하면 좋겠니?

③ 오늘 약속이 있는데 (어떻게 / 어떡해)!

④ (어떻게 / 어떡해) 그런 심한 말을 할 수가 있니?

⑤ 오늘까지 택배가 안 오면 (어떻게 / 어떡해)?

⑥ 요즘 (어떻게 / 어떡해) 지내시나요?

⑦ 오늘 눈이 내리면 (어떻게 / 어떡해)?

⑧ 눈이 많이 내리는데 (어떻게 / 어떡해) 하지?

[정답]
① 어떻게 ② 어떻게 ③ 어떡해 ④ 어떻게
⑤ 어떡해 ⑥ 어떻게 ⑦ 어떡해 ⑧ 어떻게

문제가 어려운데 **어떻해**? 이제 이렇게 쓰는 친구는 없겠지?

3초 맞춤법

'어떻게'는 방법을 물을 때 사용

'어떡해'는 감정을 표현할 때 사용

'어떻게'는 문장 처음이나 중간, '어떡해'는 문장 끝

3초도 길어…

헷갈리는 맞춤법

했데/했대

그 친구 말을 잘하데

그 친구 말을 잘한대

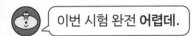

이번 시험 완전 **어렵데**.

아 진짜? 중간고사도 너무 **어려웠는대**.

걍 3번으로 찍어야겠다.

뭐? 오늘 4일이니까 4번으로 찍어야지.

역시 넌 천재야!

'-했대'일까, '-했데'일까? 주로 '-**했대**'를 '-**했데**'로 잘못 쓰는 경우가 많지. 왼쪽 대화에서도 틀린 표현을 썼어. '시험 완전 어렵대' '너무 어려웠는데'가 맞는 표현이지. '-데'는 말하는 사람이 직접 경험한 사실을 **나중에 보고하듯이 말할 때 '-더라' 같은 의미로 쓰이고, '-대'는 직접 경험한 사실이 아닌** 남이 말한 내용을 간접적으로 전달할 때 주로 쓰여. 예문과 함께 확실하게 익혀 보자.

-데

❶ '-더라'의 줄임말로 직접 경험한 것을 다른 사람에게 전달할 때 사용해.

- 그 친구 마음고생이 심해 보이데.
- 어제 조카를 오랜만에 만났는데, 많이 컸데.

❷ 대답을 요구하며 물어보는 뜻의 종결 어미 '-ㄴ데'가 쓰인 것으로 감탄을 의미하거나 의문문을 만들기도 해.

- 나무가 정말 큰데.
- 어머님이 정말 미인이신데.
- 그 옷은 얼만데?
- 누가 제일 예쁜데?

헷갈리는 맞춤법

-대

❶ '-다고 해'의 줄임말. 직접 경험한 것이 아닌 타인에게 들은 것을 전달할 때 써.

- 걔 오늘 못 온대.
- 지난 시험 너무 어려웠대.

❷ 어떤 사실을 주어진 것으로 치고 그 사실에 의문을 나타내는 종결 어미로 사용해. 놀라거나 못마땅하게 여기는 뜻이 섞여 있어.

- 왜 이렇게 일이 많대?
- 왜 이렇게 덥대?

헷갈리면 하나만 기억하자. "선생님이 공부 좀 하라고 **했대**" 같이 다른 사람에게 들은 말을 전할 때는 '-대'를 쓴다는 것!

'데'에 관한 재밌는 뜻이 하나 더 있어서 알려 줄게. **단어 앞에 붙어서 접두사의 역할을 하는 '데-'가 있어. '몹시' '매우'의 뜻이 있지. 개바빠 대신 '데바빠', 개싫어 대신 '데싫어'라고 하면 속어가 아닌 표준어로** 자신의 격한 감정을 전달할 수 있어. 좀 어색하긴 해도 뉘앙스가 비슷해서 대체하면 좋겠다는 생각이 드네.

3초 맞춤법

내가 경험한 것을 이야기할 때	다른 사람의 이야기를 전달할 때
-데	-대

헷갈리는 맞춤법

낫다/낳다

감기가 다 낫다

닭이 계란을 낳다

학교 왜 안 나왔냐?

감기가 심하게 옴.

빨리 낳아라.

내가 새냐? 그리고 나 남자임.

꼬끼오~

'낫다'를 '낳다'라고 말해 본 친구 있어? 생각보다 많은 친구들이 '낫다'와 '낳다'를 구분하지 못해. 발음이 비슷해서 많이들 헷갈려 하는 것 같아. 하지만 이 두 단어는 완전히 다른 단어야. 먼저 '낫다'를 볼까?

낫다

❶ 병이나 상처 따위가 고쳐져 본래대로 되다
❷ 보다 더 좋거나 앞서 있다

'낫다'는 이렇게 두 가지 뜻이 있어. '낫다'는 뒤에 '-아서/-았-'같이 모음으로 시작하는 어미가 오면 'ㅅ'이 탈락해. 그래서 '낫+아서=나아서' '낫+았다=나았다'처럼 쓰면 돼. 자음으로 시작하는 어미가 오면 'ㅅ'이 그대로 있어. '낫+고=낫고' '낫+는=낫는'처럼 말이야. 이런 것을 앞에서도 살짝 이야기했던 'ㅅ 불규칙 활용'이라고 해.

낳다

❶ 배 속의 아이, 새끼, 알을 몸 밖으로 내놓다

'낳다'는 뒤에 모음으로 시작하는 어미가 오든, 자음으로 시작하는 어미가 오든 형태가 변하지 않아. 그래서 '낳+아서=

낳아서' '낳+았다＝낳았다' '낳+고＝낳고' '낳+는＝낳는'처럼 '낳-'의 형태가 그대로 유지돼. 'ㅎ' 받침을 떼면 안 돼.

다음 문제를 풀어 보자.

❶ 오늘 아침에 일어나 보니 병이 (나았다 / 낳았다).

　병이 회복되었다는 의미니까 '나았다'

❷ 우리 집 개가 새끼를 (나았다 / 낳았다).

　새끼를 출산했다는 의미니까 '낳았다'

❸ 사람들 살기에는 겨울보다 여름이 (낫다 / 낳다).

　좀 더 좋다는 의미니까 '낫다'

그렇게 어렵지 않지? 두 단어의 의미를 헷갈리지 않도록 주의하자.

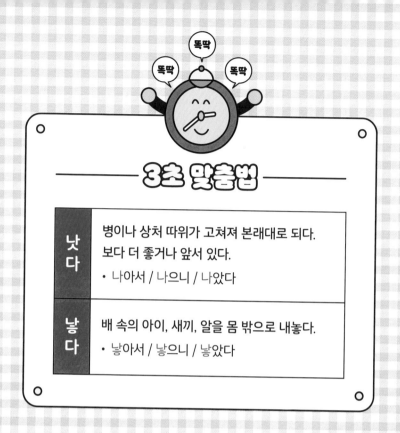

3초 맞춤법

낫다	병이나 상처 따위가 고쳐져 본래대로 되다. 보다 더 좋거나 앞서 있다. • 나아서 / 나으니 / 나았다
낳다	배 속의 아이, 새끼, 알을 몸 밖으로 내놓다. • 낳아서 / 낳으니 / 낳았다

3초도 길어…

이따가/있다가

우리 이따가 만나자

여기 있다가 갈게

집 갈래?

난 여기 더 **이따가** 가려고.

으크.

있다가 12시 마라탕 ㄱ?

어제 먹었잖아.

어제는 어제고 오늘은 오늘이잖아.

진행시켜!

'있다가'와 '이따가'는 비슷하게 발음이 되는데 표기가 달라. 그러면 둘 중 하나는 틀린 걸까? 그렇지 않아. '있다가'와 '이따가' 둘 다 맞는 표현이야.

이따가, 이따

'시간이 조금 지난 뒤에'의 뜻을 가진 부사

'이따가'가 들어간 자리에 '나중에'를 넣어서 말이 되면 '이따가'라고 쓰면 돼. '이따'도 같은 말이야.

- 자세한 얘기는 이따가 만나서 합시다.
- 너 이따 나 좀 보자.

있다가

'어떤 상태를 계속 유지하다'를 의미하는 동사 '있다'의 어간 '있-'에 연결 어미 '-다가'가 결합해 만들어진 말

어떤 장소나 상황에 머물러 있음을 나타낼 때 사용해.

- 스카에 있다가 집에 올 거지?
- 학교에 좀 더 있다가 너 만나러 갈게.

헷갈리는 맞춤법

디엠을 다시 보자. '난 여기 더 **이따가 가려고**'는 **있던 곳에 더 머물러 있다가** 집에 **가겠다는 의미**로 사용했으니까 '난 여기 더 **있다가** 가려고'라고 고쳐야 해. '**있다가** 12시 마라탕 ㄱ?'는 '**나중에** 마라탕 먹자'라는 의미로 사용이 되었으니 '있다가'가 아니라 '**이따가**'를 써야 해.

'**있다가**'와 '**이따가**' 더 이상 헷갈리지 않겠지?

3초 맞춤법

일단 외우자!

'이따가' 대신 '나중에'를 넣어서 말이 되면 '이따가'
'어떤 장소에 머물다'의 의미가 있으면 '있다가'

3초도 길어…

19

할껄/할걸

맞춤법 공부부터 할걸

된소리 압수!

할걸

맞춤법 공부부터 할게

할게요

된소리 삭제!

'그렇게 **할걸**'이 맞을까, '그렇게 **할껄**'이 맞을까? 발음해 보면 [그러케 할껄]이라고 소리가 날 거야. 그래서 정말 많은 사람들이 '그렇게 할껄'이라고 쓰는 것 같아.

결론부터 이야기할게. 이런 말들은 소리는 된소리로 나지만, 예측이 가능한 된소리는 표기에 반영하지 않는다는 원칙 때문에 '할껄'이 아니라 '할걸'이라고 표기해야 해.

자, 복잡한 문법은 접어 두고, 된소리도 넣어 두고, 이것만 기억하자!

할걸, 할게, 줄게, 갈게
할 거야, 줄 거야, 갈 거야

그리고 하나 더! '할게' '할걸'은 붙여 쓰기!

자, 그러면 복습해 보자. 맞는 표현에 동그라미 해 봐.

① 미리 (공부할걸 / 공부할껄).
② 평소에 열심히 (운동할걸 / 운동할껄).
③ 다시 (연락할게 / 연락할께).

헷갈리는 맞춤법

④ 내가 이따가 (전화할게 / 전화할께).

⑤ 오늘은 나 (먼저 갈게 / 먼저 갈께).

[정답]

① 공부할걸 ② 운동할걸 ③ 연락할게 ④ 전화할게 ⑤ 먼저 갈게

어때? 이제 더는 헷갈리지 않겠지? **된소리 압수!** 꼭 기억하자.

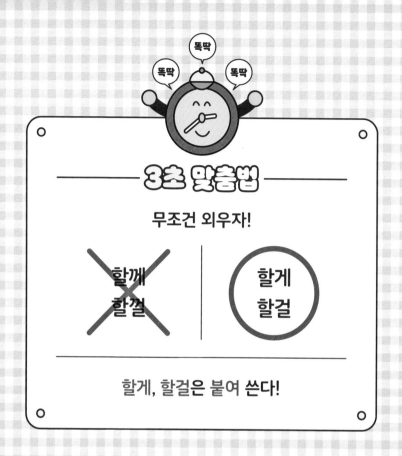

3초 맞춤법

무조건 외우자!

할께
할껄 ✕

할게
할걸 ⭕

할게, 할걸은 붙여 쓴다!

3초도
길어…

20

오랜만/오랫만

진짜 오랜만이다

오랫동안 못 봤네

 오늘 **오랜만에** 만나서 반가웠어!

그러게. **오랫동안** 못 봤지 우리.

 그동안 왜 이렇게 연락이 안 됐지?

내가 너한테 고백했다 차임.

 어쓱토마토

"오랫만에 삼성전자가 올랐는데"

"김종모 위원, 오랫만입니다"

"노홍철, 오랫만에 보는 털보 아저씨"

"오랫만에 모인 원더걸스"

신문 기사 헤드라인을 좀 가져와 봤어. 모두 '오랜만에'를 '오랫만에'로 잘못 쓴 경우들이야. 급하게 기사를 올리다 보니 이런 일이 생기는 걸까? 기자님들도 잠시 숨을 돌리며 이 책으로 맞춤법 공부를 해 보면 좋겠어.

'오랜만'은 '어떤 일이 있은 때로부터 긴 시간이 지난 뒤'라는 뜻을 갖고 있어. '오래간만'이라고도 쓸 수 있지. '오랜만'을 '오랫만'으로 착각하는 사람들이 많아. 하지만 '오랫만'이라는 단어는 없어. '오랜만'이 맞는 표현이지.

그렇다고 '오랫-'이 틀린 건 아니야. 뒤에 '-동안'이 오면 '오랫동안'이라고 쓸 수 있어. '상당히 긴 시간'을 의미하는 '오래'와 '동안'이 결합하면 [오랟똥안]으로 발음돼. 고유어와 고유어가 결합할 때, 앞말에 받침이 없고, 뒷말이 된소리로 발음되면 '사이시옷'이 들어가게 돼. 그래서 '오래동안'이 아니라 '오랫동안'이라고 쓰는 거야.

문법이 어렵다면 이것만 기억하자.

오랫동안
오랜만에

그럼 다시 문제를 풀어 보자.

① 영희는 (오랜만에 / 오랫만에) 친구들을 만나 기분이 좋았다.
② (오랜만이야 / 오랫만이야). 잘 지냈어?
③ (오랜만에 / 오랫만에) 서울역에 왔다.
④ (오랜동안 / 오랫동안) 고민했던 문제를 오늘 해결했다.
⑤ 나는 그 아이를 (오랜동안 / 오랫동안) 좋아했다.

[정답]
① 오랜만에 ② 오랜만이야 ③ 오랜만에 ④ 오랫동안 ⑤ 오랫동안

3초 맞춤법

오랜-	오랫-
오랜만 오래간만	오랫동안

3초도 길어…

헷갈리는 맞춤법

드러나다/들어나다

숨겨진 보물이 세상에 드러나다

이삿짐을 밖으로 들어내다

아래 세 문장은 신문 기사의 내용이야.

이 모든 것이 자기 딸을 위한 것임이
이후 그의 행동으로 들어났다.

내년 4월 13일 실시되는 제20대 국회의원 선거가
7개월여 앞으로 다가오면서 도내 지역의 출마 예정자들의
면면도 속속 들어나고 있다.

새정치민주연합은 6일 "정부가 임금 피크제를 시행하면서
청년일자리를 창출하겠다고 공언했지만, 오히려 금융권의
신규 채용이 줄어든 것으로 들어났다"고 지적했다.

세 기사 모두 '들어났다'라고 쓰고 있는데 모두 틀린 표현이야.
사실 '들어나다'라는 단어는 사전에 없어. 아무래도 '들어내다'
에서 잘못 변형되었을 가능성이 높아 보여. 그렇다면 '들어내
다'의 뜻을 살펴볼까? '물건을 들어서 밖으로 옮기다' '사람을
있는 자리에서 쫓아내다'라는 뜻이 있어. '이삿짐을 들어내다'
'저 녀석을 당장 들어내라' 같은 경우에 사용해. 그렇다면 위의
기사들은 모두 '들어나다'가 아니라 '드러나다'를 써야 해.

'드러나다'는 '가려 있거나 보이지 않던 것이 보이게 되다'라는 뜻이야. 즉, '그 사람의 본색이 드러났다'처럼 **무언가 숨겨져 있던 것이 갑작스럽게 보일 때 쓰는 단어인 거지**. 그리고 '**가려 있거나 보이지 않던 것을 보이게 하다**'라는 뜻의 '드러내다'도 있다는 사실, 기억해 줘.

자, 그럼 문제를 한번 풀어 볼까?

① 어두운 진실이 (들어났다 / 드러났다).

② 그의 비밀이 (들어났다 / 드러났다).

③ 구름이 걷히자 달이 모습을 (들어냈다 / 드러냈다).

④ 방에서 의자를 (들어냈다 / 드러냈다).

⑤ 쓰던 책상을 (들어내고 / 드러내고) 새 책상을 놓았다.

⑥ 마피아 게임을 할 때는 표정이 (들어나면 / 드러나면) 안 된다.

⑦ 환한 햇빛에 (들어난 / 드러난) 얼굴이 밝았다.

⑧ 썰물이 되자 갯벌이 (들어났다 / 드러났다).

⑨ 삼촌은 생선의 배를 가르고 내장을 (들어냈다 / 드러냈다).

[정답]

① 드러났다 ② 드러났다 ③ 드러냈다 ④ 들어냈다 ⑤ 들어내고

⑥ 드러나면 ⑦ 드러난 ⑧ 드러났다 ⑨ 들어냈다

3초 맞춤법

드러나다

가려 있거나 보이지 않던 것이 보이게 되다.

- 비밀이 드러나다.
- 보이지 않던 내막이 드러나다.

들어내다

물건을 들어서 밖으로 옮기다, 사람을 쫓아내다.

- 오래된 물건을 들어내다.
- 저 사람을 여기서 당장 들어내!

들어나다

사전에 없는 말이니까 쓰지 않기로!

3초도 길어…

금일/금요일

금일은 오늘

명일은 내일

선생님이 **금일**까지 숙제 제출하라시네.

금요일이면 3일이나 남았네.

금일은 오늘인데?

장난치지 마.

작일, **금일**, 명일 몰라?

태어나서 처음 들음.

혹시 '금일'이라는 단어 들어 봤어? 금일은 금요일이 아니야. '금일(今日)'은 지금 지나가고 있는 날, 그러니까 '오늘'을 뜻해. 그럼 혹시 '어제'는 뭐라고 하는지 알아? '작일(昨日)'이라고 해. '오늘의 전날'이라는 뜻이지. '내일'은 '명일(明日)'이고. 이제 '금일'을 '금요일'이라고 착각하는 일은 없겠지?

작일, 금일, 명일은 한자어야. 우리말에는 한자로 되어 있는 단어가 정말 많아. 평소에 한자에 대해 관심을 조금 더 기울이면 문해력을 키우는 데 도움이 될 거야.

하나 더 알려 줄게. '익일(翌日)'은 명일(明日)과 마찬가지로 다음 날인데, 이 둘은 뜻이 좀 달라. '명일'은 '내일'을 의미하는 말이지만, '익일'은 '어떤 특정한 날의 다음 날'이라는 뜻이야. 그러니까 '익일'이라고 하면 내일의 '다음 날'이 될 수도 있고, 모레의 '다음 날'이 될 수도 있어. 온라인 쇼핑을 할 때, '결제 완료 후 익일 배송'이란 문장을 본 적 있을 거야. 이건 내일 배송된다는 뜻이 아니라, 결제한 다음 날 배송된다는 뜻이야. 그러니 '**명일**'과 '**익일**'도 구분하자.

그럼, 혹시 날짜를 우리말로 어떻게 세는지 알아? '**하루, 이틀, 사흘, 나흘, 닷새, 엿새, 이레, 여드레, 아흐레, 열흘**'이라고 세. 10일이 넘어가면 앞에 '열'을 붙이면 돼. '**열하루, 열이틀**' 이렇게. 그리고 20일은 스무날, 30일은 서른날.

여기까지 이야기하다 보니 욕심이 나는데? 그끄제(그끄저께, 오늘의 사흘 전), 그제(그저께, 오늘의 이틀 전), 어제(어저께, 오늘의 하루 전), 오늘, 내일(오늘의 하루 뒤), 모레(오늘의 이틀 뒤), 글피(오늘의 사흘 뒤), 그글피(오늘의 나흘 뒤)까지 알아 두면 좀 더 완벽해 보일 거야.

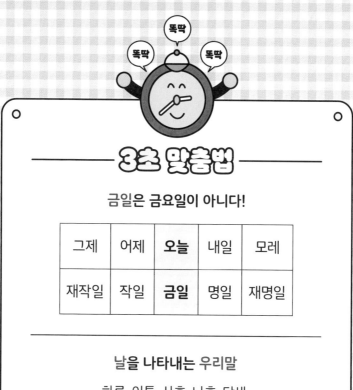

3초 맞춤법

금일은 금요일이 아니다!

그제	어제	**오늘**	내일	모레
재작일	작일	**금일**	명일	재명일

날을 나타내는 우리말

하루, 이틀, 사흘, 나흘, 닷새,
엿새, 이레, 여드레, 아흐레, 열흘

3초도
길어…

헷갈리는 맞춤법

남녀/여자

남녀공학

여중여고

난 남중남고.

난 여중여고.

남대 없어서 천만다행.

남중남고군대길 남음.

아무것도 안 들려요~

왜 '**남녀**'는 '녀', '**여자**'는 '여'로 쓰지? 같은 단어인데 이렇게 다르게 쓰는 이유가 뭘까?

이 질문에 답을 하려면 '**두음법칙**'을 알아야 해. 법칙이라는 말이 나오니 책을 덮고 싶은 마음이 들 거야. 뭐, 그래도 어쩔 수 없지만 생각보다 어렵지 않기 때문에 지금 덮으면 후회할지도 모른다는 이야기를 해 주고 싶네. 최대한 쉽게 설명해 볼게.

'**두음(頭音)법칙**'은 어떤 단어의 첫머리**에 오는** 특정 자음들이 발음되지 않거나 다른 자음으로 바뀌는 현상**이야**. 주로 'ㄴ' 'ㄹ'이 단어의 첫머리에 올 때 발음을 꺼려서 다른 자음으로 바뀌는 현상을 이야기해. **단어가** 한자어**일 때 일어나는 현상이야**. 두음법칙은 크게 세 가지로 나눌 수 있어.

첫 번째, 'ㄴ'이 'ㅇ'으로 바뀌는 경우야.
한자음 '**녀, 뇨, 뉴, 니**'가 **단어 첫머리**에 올 때는, 두음법칙에 따라 '**여, 요, 유, 이**'로 적어. **여자(녀자), 연간(년간), 유대(뉴대), 요소(뇨소)**처럼 말이야. '**여자**'의 '여'는 '**남녀**'처럼 뒤에 오면 '녀'로 쓰고, '**연간**'의 '연'도 '**매년**'처럼 뒤에 오면 '년'으로 원래의 소리대로 써.

두 번째, 'ㄹ'이 'ㅇ'으로 바뀌는 경우야.

'랴, 려, 례, 료, 류, 리'가 단어의 첫머리에 올 때는 '야, 여, 예, 요, 유, 이'로 적어. 예를 들면 **양심(량심), 용궁(룡궁), 역사(력 사), 예의(례의), 유행(류행), 이발(리발)**처럼 말이야. '양심'의 '양'은 '개량' '선량'처럼 뒤에 오면 '량'으로 쓰고, '용궁'의 '용'은 '와룡' '쌍룡'처럼 뒤에 오면 '룡'으로 써. 다른 것들도 마찬가지지. 두음법칙이 왜 일어나냐고? 거창한 이유는 없어. 발음을 좀 더 쉽게 하기 위한 거지.

세 번째, 'ㄹ'이 'ㄴ'으로 바뀌는 경우야.

'라, 래, 로, 뢰, 루, 르'가 단어의 첫머리에 올 때는 '나, 내, 노, 뇌, 누, 느'로 적어. **낙원(락원), 뇌성(뢰성), 내일(래일), 노인 (로인)**이 여기에 해당해. '낙원'의 '낙'은 '쾌락' '극락'처럼 뒤에 오면 '락'으로 쓰고, '뇌성'의 '뇌'는 '지뢰' '낙뢰'처럼 뒤에 오면 '뢰'로 써. 다른 것들도 마찬가지야. 아, 이렇게 설명하면 "라디오, 라이터, 라돈, 로맨스, 로터리 같은 건 왜 'ㄹ'을 그대로 써요?"라고 질문하는 경우가 많은데, **두음법칙은 한자어일 경우에 적용되고 순우리말이거나 외래어일 경우에는 두음법칙이 적용되지 않아.** 그래서 그대로 쓰는 거지.

참고로 북한에서는 두음법칙을 사용하지 않아. 그래서 '여자'

를 '녀자'로, '역사'를 '력사'라고 표기해. 사람 이름에서도 차이가 보이는데, 우리는 '이영희'라고 쓰지만 북한에서는 '리영희'라고 써. '노민수'는 '로민수'라고 쓰고. '리설주' '리춘희' 같은 이름도 우리에게는 낯선 표기 방식이야.

북한에서 두음법칙을 안 쓰는 이유는 한자음**에 더 충실하려는 원칙 때문**이라고 해. 남한에서는 발음이 더 자연스럽고 부드럽게 들리게 하려고 규정을 만든 거고. 이런 차이는 **남과 북이 분단 이후** 언어를 다르게 발전시켜 온 **대표적인 사례**라고 할 수 있어.

사실 두음법칙 외에도 남북한의 언어는 다양한 차이를 보여. 지금부터 두 언어를 비교해서 보여 줄 테니 한번 살펴봐.

남한에서 쓰는 말	북한에서 쓰는 말
어묵	물고기떡
도넛	가락지빵
캐러멜	기름사탕
벼락부자	갑작부자
골키퍼	문지기
슛	차넣기

헷갈리는 맞춤법

남북이 분단된 지 70년이 훌쩍 넘은 지금, 언어도 **각각의 방식으로** 발전**하고** 변화**를** 겪어 **왔어.** 언제가 될지 모르지만, 통일이 된다면 우리말은 또 어떻게 달라지게 될까? 통일된 한반도에서는 두음법칙이 계속 이어질까, 아니면 새로운 규칙이 등장할까?

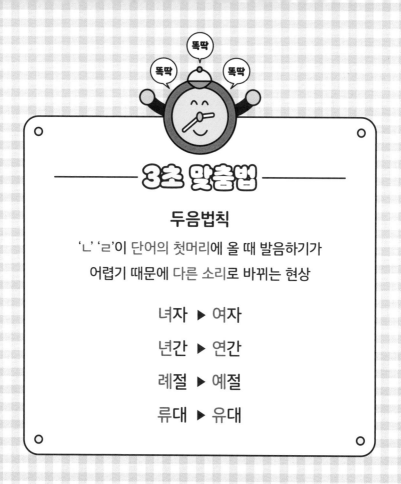

3초 맞춤법

두음법칙

'ㄴ' 'ㄹ'이 단어의 첫머리에 올 때 발음하기가
어렵기 때문에 다른 소리로 바뀌는 현상

녀자 ▶ 여자

년간 ▶ 연간

례절 ▶ 예절

류대 ▶ 유대

3초도
길어…

헷갈리는 맞춤법

포도/양말/하마/귤

24

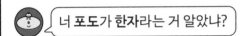

모두 한자어

급기야, 물론도 한자어

> 너 **포도**가 **한자**라는 거 알았냐?

> 농담할 기분 아니다.

> 아, 진짜라고. 백만 원 내기?

> 이게 뭐라고 전 재산을 거냐.

> 이것들도 다 **한자**임.

> OK. 전 재산 받고 더블로 가.

혹시 '포도, 양말, 하마, 귤, 하필, 어차피' 이 말들의 공통점이 뭔 줄 알아?

바로 '한자어'라는 거야!

'포도'는 '포도 포(葡)'와 '포도 도(萄)'가 합해져서 '포도'라는 열매를 뜻하고, **양말**은 '서양 양(洋)'과 '버선 말(襪)'이 합해져서 **'서양에서 온 버선'**이라는 뜻이고, **하마**는 '물 하(河)'와 '말 마(馬)'가 합해져서 **'물속의 말'**을 뜻해. '귤' '하필' '어차피'도 한자어라는 거 알아? **귤**은 '귤 귤(橘)' **하필**은 '어찌 하(何)'와 '반드시 필(必)'이 합해져서 다른 방도를 취하지 아니하고 **'어찌하여 꼭'**이라는 뜻, **어차피**는 '-에'라는 뜻의 '어조사 어(於)'와 '이것 차(此)' '저것 피(彼)'가 만나서 **'이렇게 하든지 저렇게 하든지'**라는 뜻이야.

'기린'은 '기린 기(麒)'와 '기린 린(麟)'이 합해진 단어야. 그것뿐인 줄 알아? 심지어(甚至於), 급기야(及其也), 안녕(安寧), 물론(勿論), 순식간(瞬息間), 역시(亦是), 무진장(無盡藏), 과연(果然), 무려(無慮), 사이비(似而非), 만신창이(滿身瘡痍)도 다 **한자어야.**

가장 놀라운 건 도대체(都大體)와 호랑이(虎狼이)야. **'도대체'**가

어떻게 한자어냐고. 그런데 '**호랑이**'는 더 재밌어. '호랑(虎狼)'
은 한자고, **거기에** 명사형 접미사 '**-이**'**가 붙은 거야.** 결국 호
랑이는 '한자어+고유어'로 이루어져 있는 거지. 호랑이는 우
리말로 하면 '**범**'이야. 근데 솔직히 '**범**'이 한자어고 '호랑이'가
고유어 같지 않아?

3초 맞춤법

이게 모두 한자어야!

포도 / 기린 / 호랑이 / 양말
하마 / 귤 / 하필 / 어차피
역시 / 심지어 / 급기야 / 물론

3초도
길어…

25

파이팅/화이팅

화이팅 아니고

파이팅 해야지

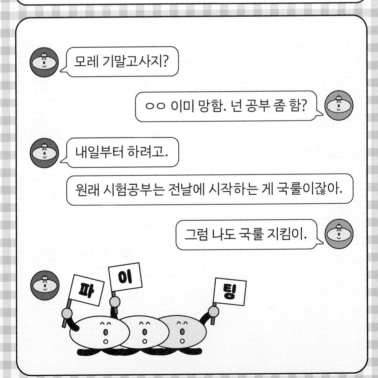

모레 기말고사지?

○○ 이미 망함. 넌 공부 좀 함?

내일부터 하려고.

원래 시험공부는 전날에 시작하는 게 국룰이잖아.

그럼 나도 국룰 지킴이.

파 이 팅

아래 문제에서 올바르게 쓰인 단어를 골라 봐.

① 프라이팬 / 후라이팬

② 파이팅 / 화이팅

③ 파일 / 화일

④ 플래시 / 후래시

⑤ 프라이드 치킨 / 후라이드 치킨

⑥ 피트니스 센터 / 휘트니스 센터

⑦ 계란 프라이 / 계란 후라이

⑧ 페이크 / 훼이크

답을 찾았니? 모두 'ㅍ'으로 시작하는 게 정답이야. 왜냐고? 규칙이니까.

위의 단어를 모두 'ㅍ'으로 시작해야 하는 이유는 '외래어의 1 음운은 원칙적으로 1기호로 적는다'는 규정 때문이야. 예를 들어 'f'는 'ㅎ'으로 발음이 나건 'ㅍ'으로 발음이 나건 'ㅍ'으로 쓰기로 한 거야. 그래서 파이팅, 프라이팬, 프라이드 치킨이라고 써야 하지.

'파이팅(fighting)'에 대해서는 해야 할 이야기가 좀 있어. '파이팅'은 'fight(싸우다)'라는 단어에서 온 말인데 한국에서는 원래 의미와 다르게 '응원'의 의미로 자리 잡았어. 이 표현은 1960~70년대 스포츠와 군대 문화 속에서 널리 쓰이기 시작했어. 그런데 이런 의미를 모르는 영어권 외국인에게는 이상하게 들릴 수 있어. 외국인과 이야기할 때는 '파이팅'보다는 'Cheer up!' 정도를 사용하면 좋을 것 같아. 그리고 우리 개념인들은 앞으로 '파이팅'보다는 '힘내자'나 '할 수 있어' 같은 우리말을 좀 더 많이 사용하면 좋겠어.

3초 맞춤법

'f' 발음이 고민될 때는 모두 'ㅍ'으로 쓰자.
이건 규칙이야!

파이팅 / 프라이팬
파일 / 플래시
프라이드 치킨 / 피트니스
계란 프라이 / 페이크

3초도
길어…

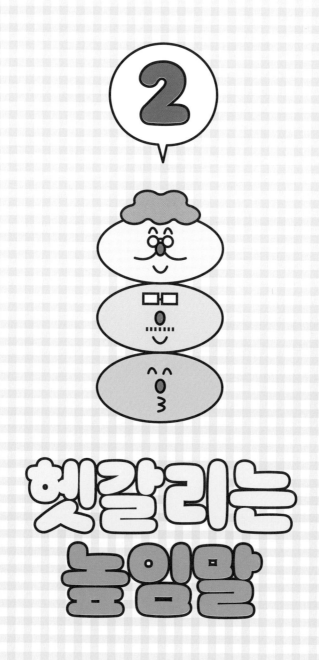

헷갈리는 높임말

선생님, 물어볼 게 있는데요

선생님, 여쭤볼 게 있는데요

다음 문장 중 틀린 것을 골라 봐.

① 저한테 여쭤보세요.

② 제 동생한테 물어보세요.

③ 저 선생님께 여쭤보세요.

④ 할머니, 이런 걸 여쭤봐도 될까요?

틀린 건 ①번이야. 왜 틀렸을까? '여쭈다'는 웃어른에게 말씀을 올리거나, 인사를 드리는 것을 말해. 그런데 "그런 걸 저한테 여쭤보시면…"이라고 쓰는 사람들이 많아. 스스로를 높이는 거라 매우 어색한 표현이지. 그런데 사실 스스로를 높이려고 이렇게 말했다기보다는 상대를 높이는 것이라고 착각해서 이렇게 쓰는 경우가 많은 것 같아. 그럼 ①번 문장은 '저한테 물어보세요'라고 고치면 돼.

손윗사람에게 질문하는 경우에는 '**여쭈다**'라고 해야 해. 앞으로 교무실에 가면 "선생님, 물어볼 게 있어요"라고 할 거야, 아니면 "**선생님, 여쭤볼 게 있어요**"라고 할 거야?

그리고 함께 더 살펴보고 싶은 높임말이 하나 있어.

"선생님**께서** 너랑 나 교실로 **오시래**."

이런 말 들어 본 적 있어? 혹시 네가 이렇게 말하고 있지는 않아? **이건** 말하는 주체를 잘못 높인 **경우야**. 상대방에게 말을 전달할 때 이런 실수를 하는 것 같아. 와야 하는 사람**은** '**너랑 나**'이고 **오라고** 말한 주체는 '**선생님**'**이야**. 여기서 존대의 대상은 선생님이지. 그러니까 "**선생님께서 너랑 나 교실로 오라고 하셔**"라고 말해야 해.

주문하신 커피 나오셨습니다

주문하신 커피 나왔습니다

아래 내용은 카페에서 아르바이트를 하는 소영이의 이야기야.

카페에서 아르바이트를 하면서 있었던 일이에요.

손님이 오셔서 주문을 받았어요.

"고객님, 주문하시겠어요?"

"자바칩 프라푸치노 주세요."

"아, 죄송한데 그 메뉴는 지금 안 되세요. 여기 메뉴판에 되시는 메뉴 표시해 놨으니까 이거 보고 주문하시면 되세요."

"흠, 아메리카노 차가운 걸로 주세요."

"네, 알겠습니다. 고객님, 이쪽에서 잠시만 기다려 주시겠어요?"

오늘따라 커피가 잘 내려진 것 같아서 뿌듯했어요.

"고객님, 주문하신 커피 나오셨습니다."

고객님은 커피를 받아서 가셨어요.

그런데 뒤통수가 따끔따끔한 거예요. 매니저님이 제 뒤에 와서 보고 계셨던 거죠. 매니저님 표정이 영 안 좋은 게, 뭔가를 잘못한 것 같은데, 그게 뭔지 모르겠어요.

도대체 뭘 잘못했을까? 응대도 잘했고, 커피도 잘 내렸고…. 내가 봤을 땐, **너무 예의가 발라서** 문제가 생겼어.

우리말의 높임법에는 두 가지가 있는데 첫 번째는 상대를 높이는 것, **두 번째는** 나를 낮추는 것**이야.** 시소를 생각해 봐. 상대방이 시소에서 높아지면 내가 상대방보다 저절로 낮아지겠지? 반대로, 내가 시소에서 낮아지면 상대방은 저절로 나보다 높아지게 되고. 높임법은 이 두 가지로 이루어진다고 생각하면 돼.

소영이의 이야기를 다시 살펴보자.

① 고객님, 주문하신 **커피** 나오셨습니다.
② 그 메뉴는 지금 안 되세요.
③ 여기 메뉴판에 되시는 메뉴 표시해 놨으니까 이거 보고 주문하시면 되세요.

헷갈리는 높임말

먼저, ①번 "고객님, 주문하신 **커피 나오셨습니다**"를 살펴볼게. '**주문한**' 사람은 **고객**이니까 '**-시**'를 제대로 잘 썼어. 그런데 '**커피 나오셨습니다**'가 잘못됐어. 사람에 따라 커피를 높이고 싶을 수도 있을 거야. 커피는 없어서는 안 될 소중한 존재니까. 하지만 대부분의 사람들이 커피가 나오셨다고 말할 때는 정말 커피를 높이려는 마음에 그러는 게 아니라 **고객을 높이려다가 커피를 높인 거라 높임말을 잘못 사용한 경우야.** 그러니 '커피 나오셨습니다'가 아니라 '**커피 나왔습니다**'라고 써야 하는 거지.

사물은 높일 필요가 없어. 그래서 "5,000원이십니다" "그 제품은 품절이세요" 같은 표현들은 다 틀린 거야. "**5,000원입니다**" "**그 제품은 품절입니다**"라고 써야 하지.

단, 기억할 것이 있어. '신체 부분이나 소유물, 마음' 같은 것들은 높여서 존경의 마음을 표현할 수 있어. 이것을 간접 높임이라고 하는데 '우리 **할아버지께서는** 귀가 참 **밝으세요**' '**어머니의 손은 참 예쁘시다**'라고 쓸 수 있는 거지. '할아버지의 귀'나 '어머니의 손'은 신체의 일부일 뿐이지만 그 신체의 일부에 높임의 표현인 '**-시**'를 사용해서 '**할아버지**'와 '**어머니**'를 높이는 **효과**를 가져오는 거지.

그다음으로 ②번과 ③번을 볼까? "그 메뉴는 지금 안 되세요." "여기 메뉴판에 되시는 메뉴 표시해 놨으니까" 여기서는 어떤 게 높아진 거지? 맞아! 바로 메뉴야. 근데 메뉴를 높일 필요가 있을까? 전혀 없지. 그래서 여기서는 '-시'를 사용하면 안 돼. 앞에서 커피를 높인 것과 마찬가지로 틀린 거지.

③번 "이거 보고 주문하시면 되세요" 이 문장은 어때? '주문하시면'과 '되세요'에 중복된 높임 표현이 쓰였어. '되세요'는 '되시어요'의 준말로 볼 수 있으니까 또 '-시' 표현이 쓰인 거야. 굳이 이럴 필요는 없지. '주문하시면 됩니다'라고 하면 깔끔해. 병원에 가면 이렇게 말하는 직원분이 있어. '환자분, 잠시 후 처방전이 나오실 거예요.' 이건 어떻게 바꾸면 좋을까? '환자분, 잠시 후 처방전이 나올 거예요.'

다들 그렇게 쓰는데 뭘 그렇게 따지고 까다롭게 구냐고 생각하는 사람들도 있을 것 같아. 그런데 말에는 힘이 있어서 어떻게 쓰느냐에 따라 말의 길, 생각의 길이 정해져. 내가 하는 말이 정확히 어떤 의미인지 알고 쓰는 것이 중요한 이유지. 조금 어렵게 느껴져도 하나씩 깨치고 배워 나가 보자고.

저희 나라는요

우리나라는요

얼마 전, 텔레비전에서 토크쇼를 하길래 보고 있었는데 굉장히 거슬리는 표현이 있었어. 한 사람이 **"저희 나라는요"**라는 표현을 유독 많이 쓰더라고. 이게 왜 문제가 되느냐고? 우선 '나라'의 개념부터 살펴보는 게 좋겠어.

나라

일정한 영토와 거기에 사는 사람들로 구성되고, 주권(主權)에 의한 하나의 통치 조직을 가지고 있는 사회 집단. 국민·영토·주권의 삼요소를 필요로 한다.

나라나 민족은 남의 나라, 다른 민족 앞에서 낮출 대상이 아니야. 그러므로 '우리'의 낮춤말인 '저희'를 써서 '저희 나라'라고 표현하면 안 되는 거지. 외국인이 "당신의 나라에서는 새해 첫

날에 무엇을 드십니까?"라고 질문한다면, "**우리나라**에서는 떡국을 먹습니다" 또는 "**한국**에서는 떡국을 먹습니다"라고 대답하는 게 맞아.

그런데 격식을 갖춰야 하는 자리에서나 윗사람에게 이야기할 때 유독 '저희 나라'라고 이야기하는 경우가 있어. 왠지 '저희 나라'라고 해야 예의를 갖추는 표현처럼 느껴지거든.

근데 과연 나라를 낮출 수가 있을까? 가난한 나라는 부유한 나라한테 존댓말을 써야 할까? 아니야. 모든 국가는 동일한 지위를 가지고 있어. 국가는 서로 대등한 관계**이기 때문에 굳이 자기 나라를 낮출 필요가 없는 거지.** 사전에도 '**우리나라**'는 '우리 한민족이 세운 나라를 스스로 이르는 말'이라고 정의하고 있어. 앞으로는 '저희 나라'가 아니라 '우리나라'라고 말하자!

> ## 고객님, 밥 먹을래요?
> ## 고객님, 식사하실래요?

예전에 외국 항공기를 탄 적이 있어. 승무원이 외국에서 오래 산 교포였던 것 같아. 기내식을 제공하는데, 나한테 말을 걸었어. "고객님, **밥 먹을래요?** 뭐 **먹을래요?**"

그 말을 들으면서 뭔가 문제가 있다는 생각이 들었어. 보통은 "**식사하실래요?** 어떤 메뉴를 **드시겠어요?**" 이렇게 이야기하니까.

밥을 다 먹고 나니 비행기 안이 너무 추웠어. 그래서 승무원에게 담요를 줄 수 있냐고 물어봤지. 그랬더니 승무원이 이렇게 말하는 거야. "**추워요?** 담요는 돈 **내야 돼요.**" 역시 높임말을 제대로 사용하지 못한 경우지. "**추우세요?** 죄송하지만 담요는 따로 돈을 **지불하셔야 합니다.**" 이렇게 말하는 게 자연스러워 보여. 외국에 오래 살다 보면 이런 높임 표현이 헷갈릴 수밖에 없을 거야. 하지만 우리는 한국 땅에 살고 있으니까 필수 높임 표현은 알아 두는 게 좋아.

높임 표현과 **일반 표현**을 보여 주는 단어들을 아래 표에 정리해 봤어. 이런 단어들만 잘 알고 있어도 높임말을 제대로 쓸 수 있을 거야.

일반 표현	높임 표현
이름	성함
나이	연세
주다	드리다
집	댁
병	병환
생일	생신
말	말씀
자다	주무시다
죽다	작고하다, 돌아가시다
먹다	드시다
데리다	모시다
묻다	여쭈다
아프다	편찮다
말하다	말씀드리다
있다	계시다

헷갈리는 높임말

[진나면]

[질라면]

혹시 **진라면** 좋아해? 그럼 **진라면**을 어떻게 발음해야 할까?
포털 사이트에서 검색해 보니 이런 답변이 있었어.

진라면은 '지이인 르느아 며어언'이고요.
신라면은 '시이인 르느아 며어언'입니다.

국립국어원의 답변은 다음과 같아.

진라면, 신라면은 표준 발음이 정해져 있지 않아
정확한 발음을 안내해 드리기 어렵습니다.
국어의 일반적인 발음 규칙에 따르면
[진나면/질라면] [신나면/실라면]으로
발음하는 것이 모두 가능합니다.

국립국어원에서 이렇게 밝히고 있지만 진라면 발음은 탕수육 부먹과 찍먹, 민초와 반민초만큼이나 큰 논란을 일으켰어. [진 나면] 파와 [질라면] 파 사이의 논쟁은 아직 진행 중이야.

진라면은 **고유한 상품명**이기 때문에 **두 가지 발음이 다 허용** 되지만, '원리' '권리' '신뢰' '진리' '권력' '인류'는 어떨까? 요즘 친구들은 [원니] [권니] [신뇌] [진니] [권녁] [인뉴] 이렇게 발음 하는 경우가 정말 많더라고. 그런데 정확한 발음은 [월리] [궐리] [실뢰] [질리] [궐력] [일류]야.

왜 이렇게 발음을 해야 할까? 바로 '자음동화(子音同化)'라는 법칙 때문이야. **자음동화는** 음절 끝 **자음이 그 뒤에 오는 자음과 만날 때, 어느 한쪽이 다른 쪽을 닮아서** 그와 비슷하거나 같은 소리로 **바뀌기도 하고, 양쪽이 서로 닮아서** 두 소리가 다 바뀌기도 하는 현상을 말해. 이건 발음을 더 쉽게 하기 위해 자연스럽게 일어나는 현상이야. '**원리**' '**권리**' '**신뢰**' '**진리**' '**권 력**' '**인류**'는 자음동화 현상 중에서도 **유음화의 영향**을 받아. '유음화(流音化)'는 'ㄴ'이 'ㄹ'의 앞이나 뒤에서 [ㄹ]로 소리가 변하는 현상을 말해. '**원리**' '**권리**' '**신뢰**' '**진리**' '**권력**' '**인류**' 는 'ㄴ'과 'ㄹ'이 만나 [ㄹ]로 발음이 돼. 그래서 [월리] [궐리] [실 뢰] [질리] [궐력] [일류]라고 발음해야 하는 거지.

헷갈리는 발음

다른 예들도 알려 줄게.

신라[실라], 천리[철리], 광한루[광할루], 대관령[대괄령], 물난리[물랄리], 줄넘기[줄럼끼], 할는지[할른지], 닳는[달른], 뚫는[뚤른], 핥네[할레]

그런데 '**공권력**'은 어떻게 발음할까? 정확한 발음은 [공꿘녁]이야. 앞의 설명에 따르면 [공꿜력]이라고 발음해야 할 것 같은데 이건 왜 이렇게 발음해야 하는 걸까? 'ㄴ'은 'ㄹ'의 앞이나 뒤에서 [ㄹ]로 발음하지만, 몇몇 단어들은 'ㄹ'을 [ㄴ]으로 발음한다는 예외 규정 때문이야. 이런 예들은 그냥 외우자.

의견란[의견난], 임진란[임진난], 생산량[생산냥], 결단력[결딴녁], 동원령[동원녕], 상견례[상견녜], 횡단로[횡단노], 이원론[이원논], 입원료[이붠뇨], 구근류[구근뉴]

이제 헷갈리지 않겠지? 맞춤법의 기본 [월리]를 알면 많은 사람에게 [실뢰]를 받는 사람이 될 수 있어!

[말따]

[막따]

'하늘이 **맑다**' 어떻게 발음해야 할까? [말따]라고 발음하는 경우가 많은데, '**맑다**'는 [막따]라고 발음해. 그럼 '**맑게**'는? '**맑게**'는 [말께]로 발음해. '**맑다**'를 [막따]로 발음하는 이유는 '**겹받침 'ㄹㄱ' 'ㄹㅁ' 'ㄹㅍ'은 각각 [ㄱ, ㅁ, ㅂ]으로 발음한다**'는 규정에 따른 거고, '**맑게**'는 'ㄹㄱ' 받침이 'ㄱ' 앞에서는 [ㄹ]로 발음된다는 원칙 때문에 [말께]로 발음하는 거야.

조금 복잡한 원칙이지만, 시험에 나올 수도 있으니까 아래에 간단하게 정리해 볼게.

❶ 겹받침 'ㄱㅅ' 'ㄴㅈ' 'ㄹㅂ, ㄹㅅ, ㄹㅌ' 'ㅂㅅ'은 어말 또는 자음 앞에서 각각 [ㄱ, ㄴ, ㄹ, ㅂ]으로 발음한다. 단, '**밟다**' '**넓둥글다**' '**넓죽하다**' '**넓적하다**'의 받침 'ㄹㅂ'은 [ㅂ]으로 발음한다.

❷ 겹받침 '러' '러' '러'은 어말 또는 자음 앞에서 각각 [ㄱ, ㅁ, ㅂ]으로 발음한다.

❸ 겹받침이 모음으로 시작된 조사나 어미, 접미사와 결합되는 경우에는, 겹받침 중 뒤엣것만을 뒤 음절 첫소리로 옮겨 발음한다. (이 경우, 'ㅅ'은 된소리로 발음함.)

자, 그러면 아래 단어들을 읽어 볼까? 겹받침을 제대로 발음하는 가장 좋은 방법은 많이 읽어서 익히는 거야.

넓다[널따]	넓으니[널브니]	넓어서[널버서]
없다[업따]	없으니[업쓰니]	없어서[업써서]
여덟[여덜]	여덟 살[여덜쌀]	여덟은[여덜븐]
밟다[밥따]	밟게[밥께]	밟고[밥꼬]
흙과[흑꽈]	흙을[흘글]	흙으로[흘그로]
닭[닥]	닭을[달글]	닭이[달기]
젊다[점따]	젊어서[절머서]	젊으니[절므니]
늙다[늑따]	늙어서[늘거서]	늙으니[늘그니]
넋이[넉씨]	넋을[넉쓸]	넋이라도[넉씨라도]

그렇다면 심화 문제! '맑디맑은'은 어떻게 읽어야 할까?
정답은 [막띠말근]이야!

이 밤의 [끄츨] 잡고

이 밤의 [끄슬] 잡고

이 밤의 [끄틀] 잡고

1993년에 솔리드라는 가수가 가요계에 등장했어. 〈이 밤의 끝을 잡고〉라는 곡을 내서 엄청난 인기를 끌었지. 그런데 이 밤의 '끝을' 어떻게 잡아야 하는지를 두고 갑론을박이 벌어졌어. [끄츨] [끄슬] [끄틀] 어느 것이 맞을까? 정답은 [끄틀]이야.

실제로 가수가 녹음을 하고 무대에서 노래할 때도 [끄츨]이라고 발음을 해서 많은 사람들이 [끄츨]이 맞다고 생각했대. 그리고 그렇게 생각하는 또 다른 이유가 있는데 '구개음화(口蓋音化)'를 무조건적으로 적용해서 일어난 오해야. 받침 'ㄷ, ㅌ'이 [ㅈ, ㅊ]으로 소리 나는 게 구개음화인데, 아무 때나 바뀌는 건 아니고 받침 'ㄷ, ㅌ' 뒤에 '-이'로 시작하는 말이 올 때만 바뀌지. '같이, 붙이다, 여닫이'는 [가치, 부치다, 여다지]로 발음하지만 '같은, 붙을, 여닫아'는 [가튼, 부틀, 여다다]로 발음이 되거든. 그렇다면 '끝이'는 [끄치], '끝을'은 [끄틀]로 발음하는 게 맞겠지.

이번에는 '해돋이'를 발음해 볼까? 아마 대부분 [해도디]가 아니라 [해도지]라고 발음할 거야. 아무도 가르쳐 주지 않았지만 **우리가 하기 편한 쪽으로 발음**하기 때문이지. 'ㅈ, ㅊ'을 발음해 보면, 어디에 힘이 들어가는지 느낄 수 있을 거야. 윗잇몸에서 발음이 나는 'ㄷ, ㅌ'보다 혀가 좀 덜 움직여도 되는 거지. 그래서 **'ㄷ, ㅌ'이 '-이'를 만나면 [ㅈ, ㅊ]으로 발음**이 되는 거야.

문제를 하나 내 볼게. '내 곁을' '내 곁에' '내 곁이'는 어떻게 발음해야 할까? 정답은 [내 겨틀] [내 겨테] [내 겨치]야.

[머리수틔]

[머리수최]

마지막으로, 우리가 자주 틀리는 발음을 몇 가지 짚어 볼게.

'**머리숱의**'는 어떻게 발음해야 할까? [머리수최]라고 발음하는 사람들이 많더라고. 그런데 정답은 [머리수틔]야. 조사 '의'는 [ㅢ]로 발음하는 것이 **원칙**이지만 [ㅔ]로 발음하는 것도 **허용**해. 그래서 [머리수테]라고도 발음할 수 있어.

이번에는 '**낱낱의**'를 발음해 볼까? [난나최]라고 발음하는 사람도 많을 것 같은데 '낱낱의'의 표준 발음은 [난나틔]야. [난나테]라고도 발음할 수 있고.

'**낯익다**'는 어떻게 발음해야 할까? [나딕따]라고 발음하는 사람 많지 않아? 그러나 정답은 [난닉따]야. 낯익지 않은 발음이지만 이번 기회에 꼭 기억해서 익숙해지길!

한국어 발음, 꽤 까다로운 것 같아. 하지만 이렇게 조금씩이라도 훑어보고 기억해 두면 유용하게 쓰일 거야.

여기까지 오느라 정말 고생 많았어! 맞춤법, 생각보다 어렵지 않지? 맞춤법은 단순히 시험 점수를 올리기 위해서 억지로 배워야 하는 게 아니야. **네가 더 자신 있게** 말하고, 글을 쓰고, 생각을 표현**할 수 있게 도와주는** 도구 **같은 거지.** 이 도구를 잘 사용하다 보면 다른 사람과의 소통도 자연스러워질 거야. 자기소개서를 쓰고 친구를 사귀는 일도 좀 더 쉬워질걸? 이 책을 통해서 맞춤법이라는 세계의 문턱이 조금이라도 낮아졌으면 좋겠어. 그리고 이 문턱을 넘고 나면 조금 더 넓고 깊은 맞춤법의 세계로 들어갈 수 있을 거야!